跃变者手册

AI导师陪你12周完成管理进化

周 瑞　段竹颖　沈 芸◎著

中国财富出版社有限公司

图书在版编目（CIP）数据

跃变者手册：AI 导师陪你 12 周完成管理进化 / 周瑞，段竹颖，沈芸著. -- 北京：中国财富出版社有限公司，2025. 7. -- ISBN 978-7-5047-8461-2

Ⅰ. F272

中国国家版本馆 CIP 数据核字第 2025H4C033 号

策划编辑 张彩霞 杜 亮 **责任编辑** 贾浩然 杨白雪 **版权编辑** 武 玥
责任印制 尚立业 **责任校对** 孙丽丽 **责任发行** 董 倩

出版发行 中国财富出版社有限公司
社　　址 北京市丰台区南四环西路 188 号 5 区 20 楼 **邮政编码** 100070
电　　话 010-52227588 转 2098（发行部） 010-52227588 转 321（总编室）
010-52227566（24 小时读者服务） 010-52227588 转 305（质检部）
网　　址 http://www.cfpress.com.cn **排　　版** 宝蕾元
经　　销 新华书店 **印　　刷** 宝蕾元仁浩（天津）印刷有限公司
书　　号 ISBN 978-7-5047-8461-2/F · 3842
开　　本 880mm × 1230mm 1/32 **版　　次** 2025 年 8 月第 1 版
印　　张 8 **印　　次** 2025 年 8 月第 1 次印刷
字　　数 194 千字 **定　　价** 58.00 元

推荐序 1

淬火为梯：AI 时代的十二周渡河记

我以近三十年的时光，在创业者的星河中摆渡。清华科技园的砖瓦间，创业孵化器的脉络里，始终铭刻着同一道烙印：真正的成长，不是在云端起舞，而是在泥泞中扎根。

今读周瑞所作《跃变者手册：AI导师陪你12周完成管理进化》，恍若重见中关村凌晨三点的咖啡厅——无数管理者在此孤军奋战，而此书恰似一柄淬于实战的短剑，为迷雾中的企业人劈出十二道刻度分明的航标。

书中"任务驱动 + AI导师陪练"的匠心，与简约商业思维所倡导的"把握本质、遵循常识、聚焦关键"十二字箴言血脉同源：

它刺破管理之困的本质，将无形经验锁进混沌黑箱，遂以十二周为尺，丈量出从"做事者"蜕变为"带团队者"的每个骨节位移；它敬畏常识伟力，拒绝速成神话，故将"每周一次关键转变"化作战术沙盘，把缥缈的理念碾成可复制的肌肉记忆；它更扼住时代咽喉——工具不能代替人的全部思考，却能极大压缩试错成本。书中那些与AI陪练对话，恰似为新晋管理者配了一位永不倦怠的"数字教头"，用算法之手托举他们的惊险一跃。

这本书不是高阁藏经，而是一张布满汗渍与折痕的“行军路线图”：

当你在授权时喉头发紧，书中的步骤引导会撑直你的脊梁；

当团队冲突似野火燎原，AI模拟器顷刻降下理性之雨；

尤其那“十二周成长飞轮”，如为管理者定制的生存罗盘——它不承诺坦途，却让每个陷于泥沼的清晨，都能从昨夜的反思中抠出发力支点。

我亲睹了太多才华在孤掌中枯槁，更深知简约商业思维如何在混沌中劈出通途。得见周瑞把管理跃迁拆解为十二段可触摸的征途，我听见星火噼啪的声响。这星火由当年创业大街的咖啡渣点燃，经产业服务千次锻打，终凝成AI时代可握在掌心的火种——它属于所有拒绝空谈、敢带人闯关的实干者，属于甘愿把脊梁借给团队当云梯的引路人。

此刻忽忆海淀秋夜：那些年轻CEO眼中的血丝，多因独木难支而起。今展此书，如见钢桥架壑，终能笃定道：

去吧！十二周光阴足以渡湍流。

当AI陪练照亮你下一个决策的暗礁时——

这册曾被咖啡渍浸透的手册，

正为千万平凡管理者铺出一条不仰仗天赋的罗马道。

而今，这本书也已与“能师高徒AI平台”同步上线，一人一AI，一书一程，让每次跃迁，都有人心与算法相伴。

文 / 徐井宏

清华大学教授、简约商业思维创建者、

中关村龙门投资董事长

推荐序 2

从“独善其身”到“引领众人”：管理转型的科学跃迁

在企业中，太多技术骨干在晋升为管理者后，会陷入“转型困境”。他们习惯了“独善其身”，却不知如何“引领众人”。管理学大师彼得·德鲁克曾说，在知识型组织中，管理者的核心任务是让平凡的人做出不平凡的事。可对于习惯了依靠个人能力的技术骨干而言，这无疑是一场艰难的蜕变。

《跃变者手册：AI导师陪你12周完成管理进化》这本书，就像是为这些在转型路上迷茫的技术骨干点亮了一盏明灯。它不是一本空谈理论的管理学著作，而是一份切实可行的转型指南，一场为期12周的成长陪伴。

一、打破认知壁垒：自我管理的觉醒

技术骨干之所以在转型初期举步维艰，根源在于认知的局限。他们往往把“个人贡献”等同于“管理价值”，把“技术权威”等同于“管理权威”。这本书的第一大模块“自我管理”，直击这些认知痛点，帮助读者实现从“个人贡献者”到“团队管理者”的认知跃迁。

很多新晋管理者往往会深陷亲力亲为的泥潭。他们总觉得自己做才放心，结果把自己逼成了“超级个体”，却让团队成了“扶不起的阿斗”。书中提出的“任务授权矩阵”，以任务的战略重要性和可替代性为维度，将任务分为四类，清晰地告诉管理者哪些该亲自执行，哪些可以逐步授权。这就像给迷茫的管理者一把标尺，让他们知道如何在放手与掌控之间找到平衡。

除了授权，时间管理也是新晋管理者的一大难题。技术骨干习惯了专注于单一任务，而管理者的工作繁杂多变，会议、沟通、决策、执行……各种事务交织在一起，很容易让人陷入“忙碌却无成效”的怪圈。书中介绍的“艾森豪威尔矩阵”，将任务按紧急和重要程度分为四类，帮助管理者区分优先级，避免被琐事淹没。而“日程块管理法”则教会管理者建立目标导向的时间节奏，让每一分每一秒都用在刀刃上。

情绪管理，是自我管理中最容易被忽视却又至关重要的一环。技术骨干在面对问题时，往往更关注技术本身，而管理者的情绪则会直接影响团队氛围。书中提供的“情绪记录日记”和“ABC 情绪重塑法”，能帮助管理者识别情绪诱因，学会用“情绪暂停法”避免情绪化决策。就像书中说的：情绪不是个人问题，而是团队管理的能量源。一个能掌控自己情绪的管理者，才能为团队注入稳定的正能量。

二、构建执行系统：任务管理的突破

解决了自我认知的问题，接下来就要面对团队任务管理的挑战。技术骨干擅长完成具体任务，但管理者需要的是构建一套能让团队高效运转的执行系统。这本书的第二大模块“任务管理”，就为读者提供了从“完成任务”到“设定目标”、从“自己行动”到“决策共识”、从“个人执行力”到“集体执行力”的完整解决方案。

很多管理者在带领团队时，常常陷入目标模糊的困境。他们只知道让团队把活干完，却没告诉团队为什么要干、要干到什么程度。书中提出的“‘SMART+SCOPE’目标澄清法”，在经典的SMART原则基础上，增加了任务边界，明确了责任归属，让模糊的愿景转化为可衡量、可落地的目标。比如，“提升客户满意度”这个模糊的目标，用这种方法就能转化为“在2025年第二季度内，将客户NPS（Net Promoter Score，净推荐值）从65分提升至75分，由客服主管牵头，联合市场部完成”这样具体而清晰的指令。

决策是管理的核心，可很多新晋管理者要么独断专行，要么陷入“多头决策”的低效泥潭。书中的“CDC模型”（明确问题—多方案讨论—聚焦决策）为团队决策提供了清晰的路径。它不是追求所有人“完全一致”，而是让关键干系人在充分讨论的基础上达成一致意见并愿意支持。就像哈佛大学商学院的研究显示，在涉及跨职能协作的任务中，共识式决策比单一领导决策带来更高的项目成功率。

个人执行力强不代表团队执行力强。一个人的高效，可能掩盖了团队协同的低效。书中的“集体承诺图”“责任–任务矩阵（RACI Chart）”等工具，能帮助管理者明确分工、建立责任体系。而“节奏会议机制”（推进会、成果会、目标会）则能让团队形成协同闭环，确保每个人都朝着同一个方向前进。

三、激活团队能量：团队管理的进阶

团队是管理的载体，激活团队能量是管理者的核心使命。技术骨干往往擅长独立作战，但管理者需要打造协作网络。这本书的第三大模块“团队管理”，全方位提升管理者的团队引领能力。

三个和尚没水喝的故事，生动地说明了团队协作的重要性。书中基于“T7模型”（使命、目标、技能等7大维度）构建的协作系统，为打造高绩效团队提供了全面指引。“3W1H任务协作法”（What、Who、When、How）能打破信息孤岛，让团队成员清楚自己在协作中的角色和任务。而可视化协作平台的运用，则能让任务进度、资源分配等信息一目了然，减少沟通成本。

沟通是团队管理的生命线。技术骨干习惯了技术沟通，关注怎么做；而管理者需要管理沟通，关注为什么做、谁来做、愿不愿做。书中的“PREP结构”“GROW模型”等沟通工具，能帮助管理者实现从传递信息到激发行动的转变。比如，“PREP结构”（观点—原因—例子—再强调）能让沟通更有说服力，而“GROW模型”则能通过提问引导团队成员自我驱动。

冲突是团队中不可避免的现象，很多管理者要么回避冲突，要么激化冲突。书中提出，冲突不是坏事，关键在于如何引导它成为成长的契机。“DESC模型”（描述具体行为—表达感受与影响—说明期望—强调后果或好处）能帮助管理者在冲突中清晰表达自己的立场，而“利益地图”则能帮助管理者找到冲突双方的共同利益，实现共赢。

四、实现持续成长：成长飞轮的构建

管理转型不是一蹴而就的，需要持续学习和成长。这本书的第四大模块“持续成长”，帮助管理者构建可持续的成长飞轮。

技术骨干向管理者转型，不是技术能力的升级，而是能力体系的重构。书中的“T形能力图谱”（横向管理力+纵向专业力）清晰地展示了管理者需要具备的能力结构。“90天成长计划”则为管理者提供了阶段性的成长路径，让转型有章可循。

在快速变化的时代，被动学习只能被淘汰。书中提出的“行动驱动学习循环（LAD模型）”（学习—应用—复盘）能帮助管理者实现“从知识到能力”的转化。“成长节奏表”则能让管理者建立固定的学习节奏，摆脱“等待培训”的被动状态。

管理者的成长不是孤军奋战，而是要带动团队成长。书中的“团队成长地图”“传帮带机制”等工具，能帮助管理者将个人经验转化为团队能力。“任务授权五步法”则能让管理者成为团队的“成长教练”，激发每个成员的潜能。

五、AI 赋能：转型路上的智能伙伴

这本书最具创新性的地方，是将AI技术融入管理培训。在这个快速变化的时代，AI已经成为管理者不可或缺的助手。书中的“AI任务陪练清单”“对话模拟”等功能，让管理者可以预演沟通、授权、会议等场景下的对话，在实践中少走弯路。

想象一下，当你不知道如何授权时，可以和AI模拟授权对

话；当你不知道如何处理团队冲突时，可以让AI扮演冲突双方进行演练。这种“在岗练习+即时反馈”的模式，能大大降低试错成本，加速能力提升。AI不应该取代管理者，而应成为每一个管理者的“成长教练”，为其带来持续陪伴、即时反馈与个性化支持。

六、结语

从技术骨干到合格管理者，是一场认知的跃变、心态的蜕变和能力的重塑。它没有捷径可走，但有方法可循。这本书就像一位经验丰富的导师，用12个关键转变为你指明方向，用丰富的工具和案例为你提供支撑，用AI陪练为你保驾护航。

无论你是刚刚晋升的管理者，还是希望突破瓶颈的团队负责人，这本书都能为你带来启发和帮助。它不是一本读完就束之高阁的书，而是一份需要你在实践中不断领悟的行动指南。

正如书中所说：这不仅是一本书，更是一段旅程，一段从“我很能干”到“我能带人干”的旅程。愿你在这段旅程中，实现自我的跃迁，带领团队走向卓越。

文 / 周涛
韬钰咨询创始人、首席顾问，
华为全球培训中心学习设计顾问，
心理学博士后、美国佛罗里达大学神经科学系访问学者

自 序

从“技术骨干”到“合格管理者”，是一段必须经历的成长旅程。

二十多年前，我第一次走进会议室，身份不再是一个埋头苦干的技术人员，而是一名刚刚上任的“管理者”。记得当时的我，手中握着的是晋升通知，心中藏着无数困惑和焦虑：我能带好团队吗？我是不是应该亲自把控每一个细节？如果下属出了问题，我是不是要负责到底？

在过去的二十多年里，我有幸在不同类型的组织中担任管理与领导职务，也亲历了无数新晋管理者的迷茫、跌倒与成长。而今天，作为一名管理顾问兼AI创业公司的领导者，我更清晰地认识到，在快速变化的组织环境中，“从技术骨干走向合格管理者”已不再是一种职位上的转变，而是一种认知上的跃变、心态上的蜕变和能力上的重塑。

一、为什么要写这本书？

在与企业合作的过程中，我反复观察到一个现象：很多技术能力强、业务能力突出的员工，在成为管理者后，反而陷入“高绩效员工的诅咒”中——他们越是优秀，就越难放下亲力亲为的习惯，越难以从“个人贡献”转向“团队带动”。

你手中的这本书，不是讲台上的管理理论集锦，也不是用来“快速翻完”的畅销励志书，而是一份真正为新晋管理者量身定制的“12周成长陪练手册”。

你不是在阅读一套理念，而是在走过一段任务驱动、行动反馈、AI陪练交织而成的成长旅程。

我们以“12个关键转变”为主线，把新晋管理者从“个人贡献者”向“团队管理者”的全过程拆解，对应12周，每周一个关键转变，每一个转变背后都有真实的挑战、隐性的经验、科学的工具，还有AI陪练互动作为新型辅导支持。

二、你会从这本书中获得什么？

如果你刚刚晋升为管理者，书中每周的任务会带你完成一次结构化转变；

如果你已是经验丰富的团队负责人，这些内容将帮助你反思自己的管理习惯；

如果你是企业学习发展负责人，你可以用这套模型为组织建立更系统的新晋管理者培养机制；

如果你正在拥抱AI时代，这本书将带给你AI导师制的全新启发和实操方法。

只要你

每周读懂一个关键转变；

每周练一次核心管理任务；

每周用AI陪练一次管理行为。

90天后，你会惊讶地发现：

你不再事必躬亲，而是能带领团队推进任务；

你不再被动等待指令，而是主动设定目标；

你不再被情绪带着走，而是能引导他人达成共识。

三、怎样用好这本书？

这本书的使用方法，有三个关键词：读、练、变。

1. 读：带着问题阅读，理解12个关键转变

管理成长从来不是抽象的，“成为合格管理者”也不是一句口号，而是由一连串具体转变组成的过程。本书拆解出新晋管理者在上任的前90天必须完成的12个关键转变，每一个转变都来源于真实工作挑战、典型行为困境和隐性经验总结。

你只需要遵循每一章的节奏、每一节的任务内容逐步推进。

每一章 = 一个核心任务领域（如自我管理、团队管理）。

每一节 = 一个具体转变路径（如从“自己干”到“赋能团队”）。

建议阅读方法：从第一章读起，每周一章，每节一练。不要跳读，也不要追求快速读完，因为成长从来不是一蹴而就的。

2. 练：用任务模型训练自己，在实战中突破认知

书中配有推荐行动和工具图示，但这不是对知识点的总结，而是新晋管理者每天工作的行动指南。真正的管理能力不是你掌握了多少知识，而是你能否在会议中组织团队、能否在冲突中引导对话、能否在目标中激发团队。

每周你将完成以下练习：

明确一个关键管理行为的目标；

对照任务标准，执行一次在岗练习；

与AI管理导师进行对话模拟，提升表达与引导能力；

记录关键反思或团队反馈，用于优化下一步行动。

你不必在短时间内成为完美的管理者，但你可以每天都比昨天更好一点。练习，是把书中内容“变成你自己的”必经之路。

3. 变：用“AI陪练+反思机制”，激发管理成长飞轮

你可能担心：我知道问题在哪儿，但就是改不过来。其实，那是因为你没有一面“练习的镜子”来帮助你看清行为的细节，也缺乏即时反馈机制。

本书内嵌的AI导师陪练示例和AI智能体二维码正是为此而生。通过AI角色模拟，你可以：

预演沟通、授权或会议，降低试错成本；

复盘某次失败的管理尝试，找到真正的盲点；

训练表达方式和提问逻辑，提升带团队的影响力。

AI是未来，更是当下。作为能师高徒AI平台的创始人，我更相信：AI不应该取代管理者，而应成为每一个管理者的“成长教练”，为管理者带来持续陪伴、即时反馈与个性化支持。

附录中还提供了：

“管理者常见的‘24坑’”“AI任务陪练工具清单”“AI任务陪练记录表”“管理者常用工具推荐清单”“AI任务陪练对话精选”。

它们将帮助你构建一套可复制、可落地、可持续培训的管理成长飞轮模型。

总之，这不仅是一本书，更是一段旅程，一段从“我很能干”到“我能带人干”的旅程。本书不是给“天生的管理者”准备的，而是给那些想要改变、愿意练习、乐于从实践中成长的人准备的。

我愿与你同行。

文 / 周瑞

2025年7月

推荐语

当一位真正理解企业痛点、洞悉管理者成长密码的老师决定将多年咨询智慧倾注成书，这本身就是一份值得珍视的礼物。多年前我有幸在周瑞老师的引领下，完成了一个人才发展领域的导师体系建设项目并获得行业金奖的认可。得知恩师即将出版新作，在管理咨询业务如此繁忙的情况下还能精心创作，让我看到了身为师者的匠心。

作为甲方HR，我经常在市面上搜寻对于管理转型有深刻见解的方法论和书籍，这次静静品读周瑞老师新作，我想大力推荐它。它精准地切中了初涉管理岗位或正经历转型阵痛的新晋管理者的核心诉求：如何突破认知的藩篱，实现角色的华丽转身？如何逐步完成行为转变，实现管理路上的打怪升级？书中那些源自甲方企业真实场景的深刻洞察、极具实操性的行为路径指引，如同当年老师手把手带我突破理论迷雾时那般清晰、有力。

从“我”到“我们”，从“做事”到“带人成事”，对其中的认知重构与行为转化，本书提供了系统、可落地的答案。它不仅是一本管理指南，更是一位经验丰富、心怀赤诚的导师，于字里行间默默传道授业解惑。其内容的“甲方基因”与“实战底色”，正是当下企业渴求的管理养分。

作为曾受周瑞老师启迪、如今在企业人才培养一线工作的HR，我深知这样的内容何其珍贵。它不仅能照亮新晋管理者的迷茫前路，更能为企业构建坚实的管理梯队提供极具参考价值的范本。感恩恩师无私分享这份智慧结晶，将它诚挚推荐给每一位渴望在管理之路上走得更稳、更远的企业同人，相信这本书可以帮助你们完成从个人贡献者向管理者角色的关键跃变！

——张若希

苏州纳芯微电子股份有限公司组织与人才发展专家

跃变，始于认知觉醒，成于刻意练习！新晋管理者深陷“升职即困境”？《跃变者手册》直击本质：从“干将”到“帅才”，建构了认知跃迁、心态蜕变、能力重塑的系统工程！

——朱天博

简约商业思维主理人，中甬投创始合伙人，新华社原记者

书中呈现的“关键转变—管理任务—管理行为”融合一体、相得益彰的逻辑关系，加上以AI为支持的操作指南工具包，使其成为个体工作者跃变为管理者的理想助手。当我耐心深入地阅读书中的内容后，我才理解了三位作者为什么有勇气将书命名为《跃变者手册》。

读完本书后，我想到了孔子的名言：“学而时习之，不亦说乎。”遗憾的是，我在孩童时代所看到的注解可能并非孔子的真意。读《跃变者手册》后，我感觉三位作者通过书中的精妙内容在践行和诠释孔子思想的真谛——学到了东西在适当的时候实践一下，难道不值得喜悦吗？

无论是新晋管理者，还是经验丰富的管理者，当你有幸读完这本书并践行后，会重新理解“学而时习之，不亦

说乎”。

——栗庆森

泰康集团人力资源总经理

真正强大的组织，不靠天才，靠系统，能持续发展的集团都会高度重视一线骨干的持续成长。这本书提供了一种“组织能力内建”的新思路，因为它找到了高效培养管理者的新方法：用AI导师体系搭建人才跃迁跑道，让赋能不只来源于讲师，让人才培养变得更为精准，有节奏、有抓手、有路径。

——邹霞

益海嘉里集团人事行政高级经理

如今，商业环境日趋复杂，这要求企业在管理方式上必须随之变革。“引导式赋能”被越来越多的组织接受并使用。《跃变者手册》所带来的正是一位系统且高效的AI管理导师。它用90天可执行路径，针对新晋管理者实战中具体的痛点——不会带人、放不下手、改不了习惯等问题，提供了“手把手”的支持和指导。管理的跃迁，不是自己能做更多的事，而是有能力协调更多资源，带领团队成事。这是一本值得新晋管理者以及L&D（Learning and Development，学习与发展）团队人手一本的数字化赋能体系实战工具书。

——刘卓天

爱尔康亚太区培训负责人，

ATD人才发展协会认证CPTD高级人才发展专家，

ICF国际教练联合会认证PCC专业级教练

我见过太多“培训之后没有改变”的案例，但这本书不一样。它是一本“嵌入日常、驱动转变”的管理者成长手册——“12个跃变任务+AI沉浸陪练”，真正实现“训—练—变”的闭环设计，尤其适合企业大学作为“岗位赋能型项目”的落地范本使用。真正有效的学习，从来不是学了什么，而是在岗位实践中得到成长和提升。这本书是管理跃升路上不可多得的“第二导师”。

——邱晨燕

博洛尼精装学院院长

在经济下行和竞争加剧的大环境下，一个企业的生存与发展，需要年轻有冲劲而且会带团队的人。

《跃变者手册》摆脱了传统管理书籍的说教感，用转变的挑战、任务模型和沉浸陪练，帮助新晋管理者较快掌握管理基本技能。我相信，每一位管理者，每一位想做管理者的人，在阅读本书并加以练习之后，必将受益匪浅。

——于泓

北京茗视光眼科联合创始人兼总经理

12周在你的职业生涯中可能很短，但这12周可以为你成为合格管理者打下坚实基础。

《跃变者手册》为初级管理者提供了清晰的实战路线图，助你迅速定位角色，快速赢得信任并驱动团队绩效提升。

——张富强

合源生物科技（天津）有限公司首席运营官

这本书凝结了作者对多年管理实践的观察和总结，是一本能帮助新晋管理者在实践中突破自我认知、成为“合格管理者”的陪练手册。

——Tony Bian

晖致大中华区人力资源副总裁

作为AI行业从业者，我深知AI对推动管理领域革新的潜力。这本书率先以AI导师的方式赋能新晋管理者，站上了时代的风口，值得新晋管理者关注。

——程国佐

深圳市思启智联科技有限公司董事长

从产业发展的角度来看，管理者的转型需要系统性架构。这本书很好地诠释了管理跃迁的结构化思维，通过AI导师逐步引领新晋管理者全面成长。

——邱所兵

东莞市达锂电子有限公司董事长

专家型人才在注重技术研究的同时往往还肩负着管理重任，但他们缺乏系统性的管理训练。这本书以AI陪练为路径，为技术背景的管理者提供精准支持，是“技术人”向“管理者”转型的理想指南。

——唐千翔

GTG广测集团董事长

作为一个产品人，我最关注创新。这本书以AI陪练机制为核心，在传统管理培训的基础上进行创新，提供了不一样的学习路径，值得推荐。

——郭俊峰

深圳市亿联智能有限公司董事长

系统的方法论、可实操的AI陪练工具，是人才培养的好帮手，科学培养人才需要科学的方法和科学的系统。我们常说要培养“真正会带人”的管理者，但很多培训课程和学习平台却没有搭配一套“契合岗位节奏、支持行为转变”的管理者成长机制。

《跃变者手册》填补了空白。它不是讲管理的“知识点”，而是围绕管理者的12个关键转变，给出了可以学、可以练、可以反馈的路径。《跃变者手册》可以赋能亟待提升领导力的管理人才，助其实现从行为转变到思维转变、从知道到做到。

——金莹

博福—益普生（天津）制药有限公司人力资源副总裁

这本书内容很“扎实”，写出了新晋管理者在工作中会遇到的真实挑战。每一周的任务设计和AI陪练，都兼顾了走心与实用。新生代的管理，已经不能只靠“经验传授”了，而是需要一套科学、结构化、能落地的方法。

《跃变者手册》用90天跃变路径图，帮管理者一步步突破盲点、建立能力飞轮。我特别认同一句话：一个组织的未来，不取决于KPI（Key Performance Indicator，关键绩效指标）多好看，而在于管理者能不能持续进步。这本书，值得被放进企业的管理者培养体系中。

——林敏

诺和诺德公司企业副总裁

人才梯队建设是企业人力资源管理的要务，从独立贡献者到团队管理者的转变又是人才梯队建设的关键环节，《跃变者手册》用12个关键转变结合AI陪练，系统帮助新晋管理者解决角色转变的问题，值得企业管理者学习借鉴。

——刘德兵

江西济民可信医药产业集团人力资源总监

这本书让我眼前一亮。它没有“怎么管人”的老套路，而是让你知道怎么带出能打胜仗的团队。12个转变场景就像12面镜子，照见销售管理者最常见的误区；AI导师陪练更是一位不会疲惫的教练，帮助你完成认知与行为的进化，成为卓越的管理者。带团队的第一步，不是教别人怎么赢，而是先学会放下“我执”。强烈推荐销售一线的管理者阅读本书。

——刘强丽

第一三共业务培训负责人，

ICF国际教练联合会认证PCC专业级教练，

创问纯净教练导师

《跃变者手册》破解了管理者“学完难落地”的困境，将管理智慧转化为12周可实践的成长主题。不同于传统理论说教，它以挚友姿态提供场景化指导，融合AI模拟实战形成

“学练闭环”，有效解决“课后不动”的难题。书中通过团队管理、沟通技巧等核心模块的日常训练，帮助管理者将技能转化为习惯，使带团队从承受压力变为获得成就感。无论是新手还是资深管理者，都能从中获得刚柔并济的智慧。这本融合管理哲学与实操指南的成长手册，正助力管理者实现从优秀到卓越的跃升。

——Sici

某世界500强公司亚太区培训部经理

作为管理者，你既要关注业务，也要推动团队成长。《跃变者手册》是我极为推荐的一本新晋管理者成长指南，它不仅拆解了12个关键转型任务，更以AI为伴、实践为师，把管理者的成长落在了每一次对话、每一个任务中。真正的管理升级，不是头衔变化，而是对系统、关系、人性和行为的更深理解。愿这本书成为你照亮团队、也点亮自己的那一盏灯。

——徐佳庆

拜耳医药保健有限公司全球研发中心

中国区临床研究运营负责人，

ICF国际教练联合会认证PCC专业级教练

在全球化与智能化的快速发展下，组织需要的不再是“知道很多”的人，而是“做法先进”的管理者。《跃变者手册》以12周跃变任务为经、以AI陪练机制为纬，为管理者构建了从认知升级到行为重塑的闭环。它既解决“管不好人”的现实难题，也回应“带不好团队”的系统困境。管理者的成熟，不是被动习惯流程，而是主动生成能力。这本书是每一位走在转型路上的管理者都值得拥有的行动范本。

——杨松

飞世出海CEO，

中国商业企业管理协会人力资源管理分会副秘书长

在我们这种技术型企业，能干的人很多，会带团队的人却太少。公司要发展壮大，管理者的整体素质决定了团队能走多远。

《跃变者手册》这本书不是喊口号，而是把管理者的成长拆成一个个可执行的动作，按周推进。对正在搭建团队、培养骨干的企业来说，它是一本值得配发到岗的实用工具书。

——杨苡

北方天途航空技术发展（北京）有限公司董事长

成功不是一蹴而就的，每一次的转变和每一次的进阶都至关重要，尤其是从个人贡献者到管理者的角色转换。本书通俗易懂，化繁为简，助力管理者走好职业成长中的关键一步。

——章忆冰博士

古驰大中华区人才管理总监

《跃变者手册》这本书是为管理者量身打造的“成长加速器”。作为一名在外企打拼二十多年的管理者，我深知从技术骨干到合格管理者有多难。这本书就像一位贴心的“管理教练”，把复杂的转型过程拆解得清清楚楚，还配上了AI陪练，把“手把手教学”做到了极致。

书中不仅有实用的工具和方法，还有生动的案例，将管理的“秘籍”毫无保留地分享出来。

这本书不仅适合新晋管理者，那些已经在管理岗位上摸爬滚打多年的“老江湖”，也能从中找到新的灵感。读完这本书，你不仅能学会如何管理团队，管理自己的时间、情绪，还能学会如何让团队在冲突中成长。总之，这是一本能让你在管理之路上“少走弯路、多开金矿”的好书。

——张鑫磊

某世界500强公司人才发展总监

新晋管理者90天跃变蓝图

我们将整合12周的成长任务，用“时间轴＋成长主题＋能力跃变＋工具支持＋AI陪练重点”的方式，梳理出一份完整的跃变蓝图。

总体结构

周次	成长主题	核心能力	关键跃变	实用工具	AI陪练
第1周	自我管理	角色认知	从“个人贡献者”到“团队管理者”	任务授权矩阵、提问式指导、黄金圈法则	授权对话模拟
第2周		时间分配	从“独立事务执行”到“高效时间分配”	四象限法、时间分配日志	任务优先级梳理
第3周		情绪觉察	从“情绪被动反应”到“情绪主动管理”	ABC情绪重塑法、情绪温度计	情绪管理对话演练
第4周	任务管理	目标思维	从“完成任务”到“设定目标”	OKR、SMART原则	目标拆解与反馈练习
第5周		决策协同	从“自己行动”到“决策共识”	CDC模型、“共识式会议纪要”内容框架	团队决策模拟
第6周		执行联动	从“个人执行力”到“集体执行力”	RACI模型、集体承诺图	执行协同任务演练
第7周	团队管理	团队协作	从“独立作战”到“团队协作”	3W1H任务协作法、T7模型	协作沟通演练
第8周		沟通升级	从“技术沟通”到“管理沟通”	GROW模型、PREP结构	情景反馈练习
第9周		冲突引导	从“发现问题”到“解决冲突”	DESC模型、三明治反馈法	冲突处理对话
第10周	持续成长	能力迁移	从“个人技术成长”到“管理能力提升”	T形能力图谱、能力雷达图	发展路径设计
第11周		成长驱动	从“被动学习”到“自我驱动”	自我成长责任矩阵、成长节奏表	学习规划模拟
第12周		赋能团队	从“个人提升”到“团队成长”	成长传递模型3M框架、PDL团队成长闭环	教练式激励对话

CONTENTS　　　　目　录

CHAPTER 4

驱动·点燃持续成长的内驱火种

CHAPTER 5

跃变·12 周重塑之旅

CHAPTER 6

精进 · 成长飞轮持续运转

附录

CHAPTER 1

破茧

开启自我管理的觉醒引擎

“知人者智，自知者明。胜人者有力，自胜者强。”

——《道德经》第三十三章

AI 导师来信

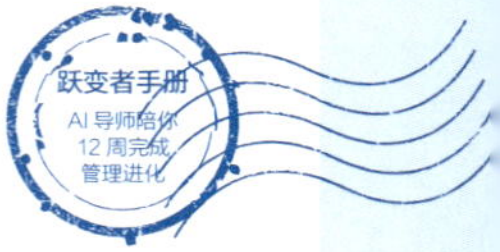

亲爱的学员：

欢迎踏上“管理者跃变”的旅程。

你正在从擅长亲力亲为的个人贡献者，迈向引导团队、统筹资源的管理者。这一跃变，不只是职位变化，更是一场思维与行为方式的重构。

你或许正在困惑：

“我该自己上，还是让别人干？”

“为什么一天过去，忙碌却没有成果？”

“我的一句话，真的会影响团队氛围吗？”

别担心，这些迷茫与挣扎，正是管理之路的起点。就像蝴蝶破茧的那一刻，看似脆弱，却蕴含着新生的力量。

在这一章，我们将一起完成三大关键转变：

1. 从“个人贡献者”到“团队管理者”——你将不再以“我完成了什么”来衡量价值，而是学会“我如何让团队成功”。

2. 从“独立事务执行”到“高效时间分配”——你将不再只是“被任务驱动”，而是建立“目标导向”的时间观和节奏感。

3. 从“情绪被动反应”到“情绪主动管理”——你将意识到，情绪不是个人问题，而是团队管理的能量源。

我会陪你一起思考、练习、调整，像一位不会疲倦、不会评判、永远在线的伙伴。

你准备好了吗？我们就从这一章开始，迈出真正的第一步。

AI管理导师景行

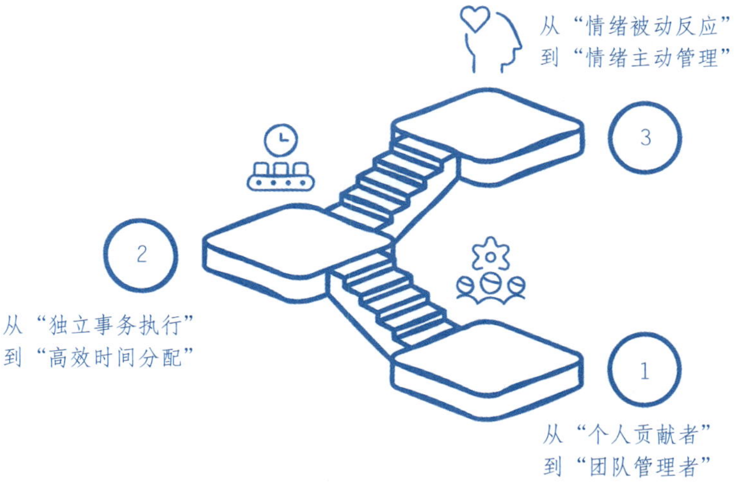

第一节
从“个人贡献者”到“团队管理者”

“升职那天，我兴奋极了，但没过多久，我就发现现实远比想象中复杂。”

李然是一家科技企业的资深开发工程师，由于专业能力突出，被提拔为项目团队主管。刚开始他觉得只是换个名片、工资增加一点，工作本身变化不会太大。但短短两周，他就深陷疲惫：“原本自己熟练掌握的开发任务，现在却需要带着一群新手，一遍遍反复讲解、不断纠错，感觉效率一下子降低了很多。”

升职后，李然依旧早早来到公司，很晚才离开办公室。他亲自写代码、审查Bug（故障），甚至连新人常犯的简单错误也要一一指出，他常说的话变成了“算了，还是我自己来吧，这样快一些。”结果，他不仅自己身心俱疲，团队成员也逐渐失去了主动性，变成了被动执行者。

这种困境，并不是个例。

根据麦肯锡咨询公司研究：新晋管理者在上任90天内最常犯的错误之一就是“习惯于继续担任个人贡献者”，无法真正放手让团队成长。

管理大师彼得·德鲁克曾说：“管理者的角色不是独自发光，而是点燃别人的光芒。”管理真正的挑战在于，不只是证明自己的专业，而是成就他人的专业。

放弃“个人英雄”：管理者不是技术专家的升级版

“遇到问题，我来解决。”“代码质量不行？我自己写一遍！”——几乎所有刚刚转型的新晋管理者，都会本能地跳进这个陷阱。

李然正身陷这样的管理困境。他精通技术，过去一直是项目的“明星开发者”，但现在若持续凡事亲力亲为，反而会削弱团队自主性，导致团队过度依赖自己。

李然面临的不是技术瓶颈，而是角色转型障碍：从“亲自解决问题”转变为“激发他人解决问题”。真正卓越的管理者，不是亲力亲为的人，而是帮助他人成长的人。

然而，新晋管理者往往面临着选择困境：何时放手？何时干预？

对于新晋管理者而言，最大的挑战在于判断哪些任务该亲自处理，哪些任务可以授权给团队。

这是需要反复训练的判断力，而非凭感觉拍脑袋。为此，我们推荐一种有效工具：任务授权矩阵（Delegation Matrix）。

什么是“任务授权矩阵”？

任务授权矩阵是一个明确任务性质与处理策略的工具，它以两个关键维度为基础：

（1）任务的战略重要性（是否必须由你亲自决策）。

（2）任务的可替代性（他人能否完成得一样好）。

任务授权矩阵将任务分为四类（见表1–1），帮助管理者明确不同的处理方式：哪些任务需要自己亲自执行，哪些任务可以逐步授权。

表1–1　任务分类

任务类型	战略重要性	可替代性	处理建议
战略决策（技术方向）	高	低	需要亲自决策并明确方向
常规开发任务	中	高	逐步授权，培养团队成员技能
核心技术问题	高	中	联合关键成员共同解决
团队技能提升与培训	中	中	与团队骨干协同，系统化推进

三步行动指南：从“自己做”到“团队做”

第一步：任务分类盘点

本周结束前，回顾手头任务，逐一问自己：“这件事必须我做吗？有没有其他人能完成？”

第二步：明确授权计划

挑选两项适合团队成员独立完成的任务，明确设定期望成果、时间节点，并安排固定的进度检查时间。

第三步：练习授权表达

管理者的话语会影响团队的行动与态度，试着用明确、信任的语言表达授权。

例如，“小王，这个模块由你来负责，我期待下周三看到你的初步方案。如果遇到困难，随时找我”。

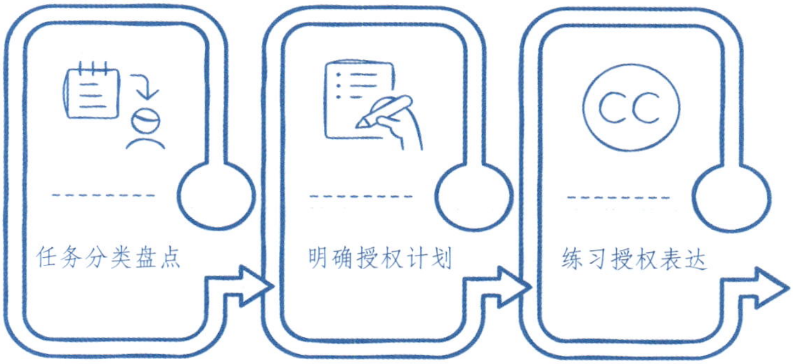

管理金句

“管理的精髓不是控制过程，而是培养能够独立驾驭过程的人。”

从“让我告诉你”到“你怎么想”：提问式指导的落地方法

斯坦福大学心理学教授卡罗尔·德韦克（Carol S. Dweck）提出，一个组织能否持续成长，不在于领导者是否全能，而在于团队是否被持续激发潜能。

她提出的成长型心智模型（Growth Mindset）强调，人不是固定的，可以通过学习、反馈与挑战不断发展能力。而在组织中，鼓励成员尝试、思考、复盘，正是形成成长型文化的关键。这对新晋管理者意味着什么？意味着你不再是满足于“把事情做对”的人，而是创造思考机会的人。

提问式指导（Coaching by Questions）是管理语言的分水岭。管理者的语言，其实隐含着对人才的基本判断。

控制型表达：默认你不会，需要我来告诉你。

指导型表达：相信你有潜力，我只需要帮你看见它（见表1-2）。

表 1-2　控制型表达与指导型表达示例

情景	控制型表达	指导型表达
团队遇到难题	“这样做就对了。”	“你觉得这个问题有几种解法？”
成员执行不当	“你怎么又做错了？”	“你是怎么理解这项任务的？”
工作优先级不清	“按我说的顺序来。”	“你觉得哪项最关键？为什么？”

提问式指导正是成长型心智在管理中的具体应用——用提问代替命令，让团队在思考中成长。这不仅是说话方式的不同，更体现了激发者与指令者的差异。

管理者的转念：从“我来吧”到“你能行”

很多新晋管理者都会下意识地说出这句话：“我来吧。”他们习惯了亲自做、快速做、确保不出错，但最终结果却是自己越来越累，团队越来越弱。只有真正开始提问，才算真正开始管理。

以下是三步开启提问式指导的实操建议。

第一步：每天练习一句提问式对话。

例如："你希望从这次任务中学到什么？"

让成员参与思考，逐步建立起"我来负责"的心态。

第二步：控制住"抢答"冲动。

倾听30秒，不打断、不下结论，让对方把话讲完。

第三步：接纳不完美方案，关注思考过程。

哪怕方案只有60分，也要肯定其"思考路径"，而非只看"结果好坏"。

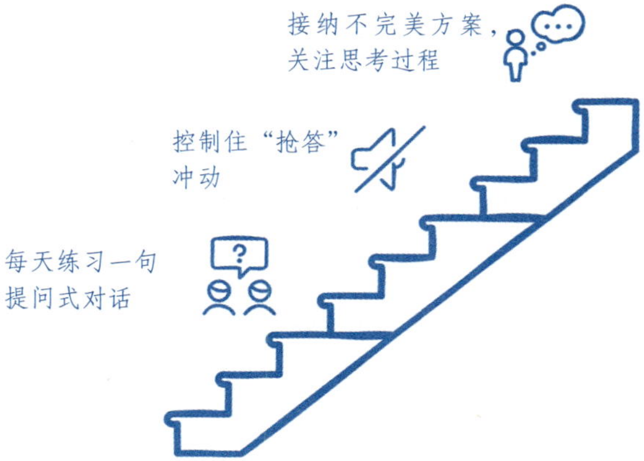

管理金句

"一个好问题，胜过十句指令。"

"管理，不是控制人，而是点燃人。"

真实案例：一个"控制狂"的蜕变

我来讲一个真实的故事。

案例主角：王嘉豪，某制造业企业技术主管，35岁。

王嘉豪是公司的技术骨干，晋升后仍然主导所有项目进度。他有一句口头禅：“你们别动，我来。”他坚信“质量不能出问题”“我做最快”。结果是他身心俱疲，团队被动等待。

有一次，团队连续两次交付延期，老板找他谈话：“你现在不是管理团队，是替他们做事。”这句话震醒了他。

他痛定思痛，开始做“任务权责表”，每天逼自己授权至少两项事务。同时引入晨会制度，每人汇报任务优先级，鼓励主动表达。他强忍“插手的冲动”，改为“提问式反馈”，比如，“这个方案你最担心什么？需要我提供什么支持？”

三个月后，团队自动形成了“先想后问、先试后请”的执行习惯，王嘉豪的下属甚至开始轮流主导小型项目。他终于理解，管理是信任和引导的艺术，而非掌控和指令的本能。

案例反思：

1.“高执行力”不是管理者的光环，而可能是团队停滞的黑洞。

2.管理的关键不是“做”，而是“让做、教做、信任地让别人做”。

AI 导师陪练：沉浸式练习“授权表达”

当你读到这里，或许脑海中已经浮现出几个真实情境：

你想放手，却又担心结果；

你交代任务，却总说得模糊；

你怕对方搞砸，索性自己兜底……

此时，不妨与 AI 管理导师对话，练习真正的“授权表达”。

★ 情境对话一：你说“我来吧”，其实是放不下的焦虑

你（语音输入）： 小李，这事还是我来吧，他之前做的版本我不太放心。

AI导师回应： 我听得出你并不是不想放手，而是担心交代下去之后你还得“擦屁股”。但你有没有想过，这或许是一个练习支持和建立信任的机会？

建议说法： 小李，这个任务由你来主导，我希望下周一能看到初稿。如果你有任何不确定的地方，提前告诉我，我们一起把它做好。

小提示： 如果你愿意，现在就试着改写这句话，对着手机读出来——你会发现，说出口和写在纸上，是完全不同的练习。

★ 情境对话二：你说“你先做着”，其实是不愿设边界

你（语音输入）： 这个你先做着，搞得差不多就行。

AI导师回应： 这样的表达，很容易让对方产生误解——到底应该做成什么样？你是不是不在意结果？还是根本没想清楚目标？

清晰的授权＝清晰的边界

建议说法： 这份数据报告由你来整理，周五中午前完成第一版。我周三上午会抽空帮你提前看一下，有问题提前约时间。

小挑战： 把你准备交代给他人的一个任务，尝试用“目标—时间—支持”三要素重新说一遍。

★ 情境对话三：你说“怕他再错”，但不给机会，永远无法改正

你（语音输入）： 上次他搞砸了，我还是自己做吧。

AI 导师回应： 或许问题不在结果，而在于信任还没重建。但信任不是等来的，而是一步步重构的。不妨放手一半，再陪跑一半。

建议说法： 这次还是你来主导方案吧，我们在中间设一个检查点，周三给我看看初稿，我来一起修改。

小练习： 试着对一个你迟迟没有授权的下属说出这样的话。这不是完全放手，而是共担阶段责任。

管理金句

“一个不会授权的人，只能一直在团队里‘干得累’，而永远做不到‘带得动’。”

本周推荐行动

1. 回顾本周已处理的任务清单，标记3项“非我不可”和3项“可以授权”的事务。

↓

2. 选择2项任务进行“责任下放”，明确目标、时限与支持方式，安排一次复盘时间。

↓

3. 练习“授权语言”，对一位团队成员正式说出“你来主导”的任务委托表达。

4. 进入AI导师空间站，完成“授权对话”三轮模拟演练，训练清晰表达与信任交付能力。

AI陪练：授权对话模拟
智能体二维码

总结

你正站在管理角色转变的关键路口：是继续依靠个人能力奋战，还是成长为真正能激发团队潜力的领导者？选择后者，意味着你将不再局限于亲力亲为，而是着眼于培养团队的独立能力。记住，真正卓越的管理者，不是靠自身完成更多任务，而是善于帮助团队共同取得成就。

第二节 从“独立事务执行”到“高效时间分配”

从个人执行者到管理者，这不仅是角色的转变，更是对时间管理能力的全新考验。过去你可能凭借出色的个人能力和勤奋的态度，轻松地处理好每一项任务。然而，一旦走上管理岗位，你会发现事务繁多而复杂，稍有不慎便容易被琐碎事务吞噬，逐渐远离核心目标。

李涛是某互联网公司的运营主管，升职前，他一直以“高效能”著称。无论多么烦琐的任务，他总能迅速而完美地完成，成为团队中的标杆。然而，升任主管后，李涛发现每天被大量会议、沟通和事务性工作占据时间，原本拥有的高效执行能力开始失灵。忙了一天，他依旧感到什么也没做成，最重要的目标反而被不断推迟。

“为什么我一直在忙，却离目标越来越远？”李涛开始困惑。

实际上，这种问题并不鲜见。管理大师彼得·德鲁克在其著作《卓有成效的管理者》中就指出，有效的管理者不是做更多事，而是用更少的时间做最重要的事。这意味着，新晋管理者必须学会从独立事务执行者向高效时间分配者转变，真正聚焦于那些推动团队目标实现的关键任务。

为什么“事务性管理”难以持久？

管理心理学研究表明，人类天然倾向于处理简单易完成的任务，以获得迅速的成就感。这种“事务陷阱”，使新晋管理者容易陷入持续的忙碌，却难以取得真正的突破性进展。《哈佛商业评论》也提到，高效的管理者善于识别关键任务，而非被事务所困。因此，管理者必须学会甄别事务的轻重缓急，集中精力于最有战略价值的活动上。

从“独立事务执行”到“高效时间分配”的三大关键步骤

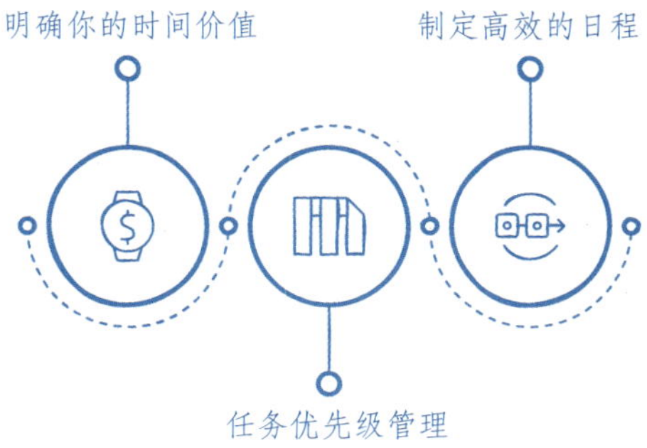

步骤一：明确你的时间价值

这一工具源自著名的管理学者斯蒂芬·科维（Stephen Covey）提出的时间矩阵理论。他在畅销书《高效能人士的七个习惯》中强调，管理者应更多地关注重要但不紧急的任务，这样才能真正推动战略目标的实现。

工具：时间价值分析法。

回顾过去一周，列出占用你大量时间的几项事务，制成“时间价值分析表”（见表1–3），逐项评估它们的战略价值与必要性。

表1–3　时间价值分析示例

事务	花费时间	战略价值	是否必要	调整建议
每日数据核查	2小时/天	低	非必要，可授权	委托团队成员，并定期抽查
每周团队例会	3小时/周	中	必要	精简议程，控制在1小时内完成
临时突发任务处理	2小时/天	中	部分必要	制定明确的临时事务处理流程

通过明确哪些任务必须自己亲自完成，哪些可以授权给团队成员，你才能真正释放出时间，专注于管理本身。

步骤二：任务优先级管理

任务优先级管理工具源于美国第34任总统艾森豪威尔的个人经验。艾森豪威尔在其任内高效处理事务的经验被总结成著名的艾森豪威尔矩阵（Eisenhower Decision Matrix），如今已广泛应用于管理领域。

工具：艾森豪威尔矩阵。

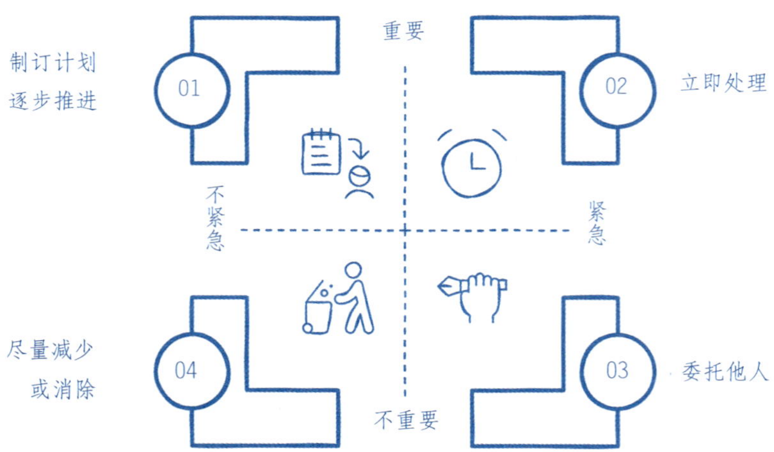

紧急重要任务，如客户投诉的解决方案；

重要但不紧急任务，如团队技能提升计划；

紧急但不重要任务，如参与临时会议；

不重要且不紧急任务，如无效的社交活动。

每周用固定时间进行任务分类，确定清晰的优先级安排，避免被非核心任务所牵制。

步骤三：制定高效的日程

这种方法最初由著名的管理咨询公司麦肯锡提出，他们发现高效的管理者通常都会运用日程块管理法（Time Blocking），即将一天划分成几个固定的“工作时间块”，每个时间块专注于特定类型的任务，从而提升整体工作效率。

例如，特斯拉CEO埃隆·马斯克（Elon Musk）就以严格的“5分钟工作块”闻名。他把每一天细分为多个短小但清晰的任务区块，这样的高精度时间管理方式帮助他高效地同时管理多家公司。我们虽然不会像马斯克那样将时间块切割得那么小，但用1~2个小时专注做一件事，效率往往会提高。

工具：日程块管理法。

每天早晨规划当天的日程，严格划分出时间块（见表1-4），确保关键任务的时间不会被琐碎事务侵占。

表1-4 日程块管理示例

时间	日程安排
09:00—10:00	团队协调会议
10:00—12:00	重要战略任务（专注执行，不被打扰）
13:30—15:00	团队事务处理（开放沟通）
15:00—17:00	个人重点任务推进

从心理学和神经科学角度看，专注工作能让大脑进入“心流状态”。心理学家米哈里·契克森米哈赖（Mihaly Csikszentmihalyi）提出，当人在专注且适当挑战的状态下工作时，大脑的创造力和效率都会显著提高，心流状态正是高效工作的关键。

AI 导师陪练：深入的情境对话演练

★ 情境对话一：任务优先级冲突

你：导师，我今天遇到一个棘手的问题，有两个任务同时来了，一个是客户的紧急投诉，另一个是领导要求的季度报告，我不知道应该先处理哪个。

AI 导师回应：首先评估一下这两个任务各自的紧急性和重要性。客户投诉的后果是什么？季度报告的截止时间又是什么时候？

你：客户投诉需要马上回应，否则可能会失去重要客户；季度报告虽然很重要，但截止时间是明天下午。

AI 导师回应：建议你立刻启动客户投诉的处理流程，并安排一名有经验的团队成员负责初步沟通，同时你迅速整理季度报告的关键内容，以便两个任务能同步推进。你觉得这样安排如何？

★ 情境对话二：团队成员的干扰

你：导师，今天团队成员不停地来咨询问题，严重干扰了我原定计划的执行，效率很低。

AI 导师回应：我建议你明确一个固定的沟通时段，比如每天上午 10 点和下午 3 点各预留半小时，专门用于处理团队成员的问题。同时，向团队说明其他时间请勿打扰，以保证你的工作效率。你觉得这个方法可行吗？

★ 情境对话三：临时事务处理

你：导师，每天都有很多突发的临时事务，原本的计划经常被打乱，我感觉很无奈。

AI 导师回应：针对临时事务，你可以快速分类：哪些需要立即解决，哪些是可延迟处理的。同时，每天预留‘缓冲时间’，专门用来应对突发状况，这样临时事务就不会大幅干扰你的原定计划。你认为这样调整对你有帮助吗?

管理金句

“高效的管理者，不在于忙的事情多，而在于忙得有价值。”

本周推荐行动

1. 使用“时间价值分析表”梳理本周任务清单，识别3项可以授权的低战略价值事务。

2. 运用“艾森豪威尔矩阵”，对下周任务进行紧急性与重要性分类，制定优先级和处理顺序。

3. 尝试“日程块管理法”，规划3天的工作安排，设定“专注时间段”并进行打卡记录。

4. 进入AI导师空间站，完成“时间管理”模拟训练，对话练习任务优先级判断与日程优化表达。

AI陪练：任务优先级梳理
智能体二维码

总结

你正站在从事务执行向高效时间管理转变的重要关口。是继续被烦琐的日常事务牵绊，还是学会合理分配精力，聚焦于推动团队实现战略目标？选择后者，意味着你将从事务性的忙碌中解放出来，真正掌控时间，提升管理效能。

第三节
从“情绪被动反应”到“情绪主动管理”

成为管理者后，你可能渐渐发现，情绪管理成了每天必修的课程。过去作为个人贡献者，你可能只需要管理好自己的任务和情绪。然而，现在你的情绪不仅会影响你自己，更可能直接影响到整个团队的氛围与绩效。

陈明业务能力出色，曾是团队中最优秀的销售人员，但在升职为销售经理后，他发现自己逐渐被各种复杂的情绪问题困扰。有时团队业绩未达标，他会莫名地焦躁，对团队成员态度急躁，甚至在开会时当众表达不满；有时客户提出的无理要求让他感到气愤和无奈，从而影响了一整天的工作状态。结果，不仅自己的工作效率下降，团队成员也感受到他的情绪波动，导致团队整体士气低落。

情绪的被动反应为何不可持续?

心理学研究表明，人类情绪本身没有对错，但对情绪的反应方式可能导致不同的后果。著名心理学家丹尼尔 · 戈尔曼（Daniel Goleman）在《情商》中指出，情绪智力的关键在于主动管理情绪，而非被情绪所控制。

当管理者的情绪反应过于被动时，团队成员容易感受到不确定性，甚至形成消极的心理氛围，进而影响整体绩效与合作效率。

从情绪被动反应到主动管理的关键步骤

步骤一：识别并接纳情绪

情绪主动管理的第一步是准确识别自身的情绪，接纳其存在，而不是压抑或否认它们的存在。

工具：情绪日记。

每天工作结束前花5分钟时间，回顾一天中的关键情绪事件，记录事件发生时的情绪反应，以及具体的诱发因素，可以制成情绪日记表格（见表1–5）。

表1–5 情绪日记示例

事件	团队未达销售目标
情绪	焦虑、生气
诱因	担心团队整体绩效下降，自己被上级质疑

长期坚持记录，你能更清晰地觉察到自己的情绪模式，进而采取有效的管理策略。

步骤二：培养情绪自控力

神经科学研究表明，情绪发生时，我们大脑中杏仁核会迅速反应，触发“战或逃”的应激反应。然而，前额叶皮层负责理性决策和自控。因此，有效的情绪管理，就是提升大脑前额叶皮层对杏仁核的抑制和控制能力。

工具：情绪暂停法。

当感到强烈情绪即将爆发时，立即进行“暂停”动作，一边深呼吸一边默数10秒，给前额叶皮层更多的时间接管控制。

步骤三：积极重塑情绪

积极心理学创始人马丁·塞利格曼（Martin Seligman）提出，情绪的关键不在于事件本身，而在于我们对事件的解释方式。因此，主动管理情绪的高级技巧，就是学会重新解读事件，塑造积极情绪。

工具：ABC情绪重塑法。

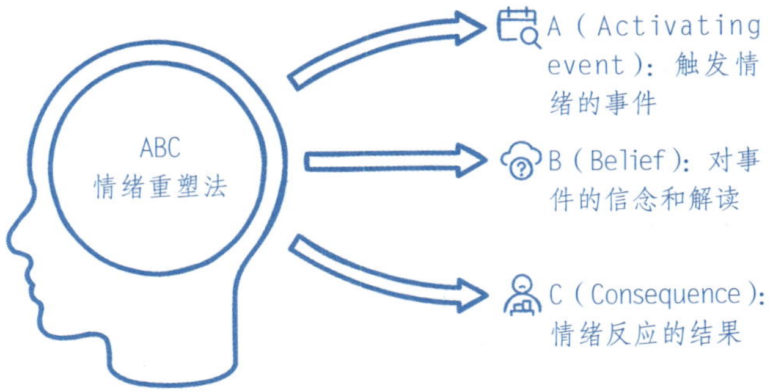

通过分析ABC链条，学会调整自己的心态和对情绪的解读，重塑更积极的情绪反应。

AI导师陪练：深入情境对话演练

★ **情境对话一：应对团队绩效下滑**

你： 导师，这个月团队业绩没达标，我感到特别焦虑，甚至有些失控，忍不住在会上批评团队成员。

AI导师回应： 首先，你的焦虑情绪完全可以理解。关键是，我们先暂停一下，深呼吸，问问自己这种焦虑背后的真正担忧是什么？我们又该如何理性地解决这个问题？

★ 情境对话二：处理下属的负面反馈

你：导师，今天下属对我提出了尖锐的负面反馈，让我感到非常受挫和愤怒。

AI 导师回应：你的这种感受很正常。现在我们试着重新看待一下这个反馈——也许他的反馈背后是希望你变得更好？你觉得我们如何用建设性的角度来回应？

★ 情境对话三：面对客户无理要求

你：导师，客户今天提出了非常不合理的要求，我的情绪很激动，不知道怎么处理才好。

AI 导师回应：我建议你先允许自己平静一下，告诉自己客户的要求背后可能隐藏着未被满足的需求。我们如何既能守住底线，又能有效安抚客户的情绪？你觉得具体的应对方式是什么？

管理金句

“优秀的管理者不是没有情绪，而是善于主动管理情绪，创造积极的团队氛围。”

本周推荐行动

1. 使用情绪日记工具，每天记录典型情绪事件，反思情绪来源与反应模式。

2. 遇到情绪波动时，尝试使用“情绪暂停法”，进行约10秒的“深呼吸+自我觉察”练习。

3. 选取一件本周的不愉快事件，应用“ABC情绪重塑法”，写出3种不同的解读方式。

4. 进入AI导师空间站，进行“情绪管理”多轮对话模拟，练习在高压情境中的情绪引导与表达。

AI陪练：情绪管理对话演练
智能体二维码

总结

你正站在从情绪反应者到情绪主动管理者的转折点，是继续被情绪所牵引，还是主动驾驭情绪、引导团队？选择后者，意味着你将拥有更高的自我觉察力与领导力，用稳定的情绪支撑稳定的团队文化。

情绪不是弱点，而是通往成熟管理者的门槛。当你能看清情绪、理解情绪、引导情绪，你也正在为团队营造一个更安全、更积极、更高效的环境。

CHAPTER 2

锻造

构建任务管理的掌控力场

“政者，正也。子帅以正，孰敢不正？”

——《论语 · 颜渊》

AI 导师来信

亲爱的学员：

恭喜你完成了第一阶段的角色转型，你应该已经意识到，管理不仅仅是“做”，更是“带”。

但进入第二阶段，你会发现越来越棘手的问题：你每天依然很忙，却说不清目标到底是什么；你布置了任务，成员却“各做各的”；你希望团队自动自发，却发现团队成员“推着不走，打着倒退”。

这就是任务管理的核心难题：不是你会不会做事，而是你能不能带人做成事。

在本章中，我们将一起深入探讨三项关键能力锻造：

1. 从“完成任务”到“设定目标”——管理的起点是清晰愿景。

2. 从“自己行动”到“决策共识”——让团队在决策中站在同一条船上。

3. 从“个人执行力”到“集体执行力”——把“做事的人”变成“做成事的团队”。

在我陪伴你的这几周里，我会协助你逐步拆解任务、设计目标、推动行动闭环，帮你摆脱“带人太累”的焦虑，真正体会“管理成就他人，也成就自己”的力量。

准备好了吗？让我们一起锤炼你的“任务领导力”。

AI 管理导师景行

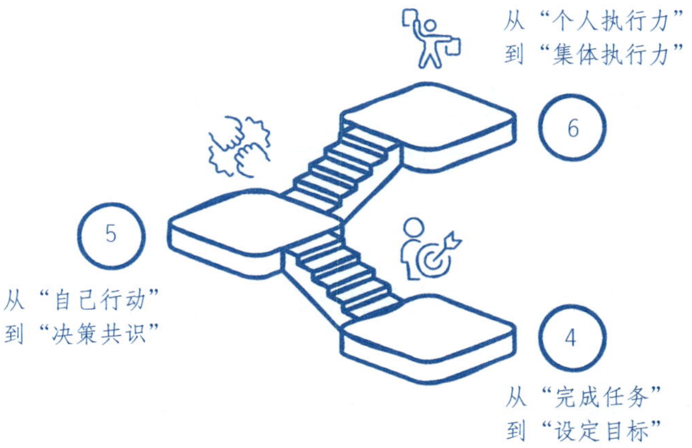
从“个人执行力”
到“集体执行力”
6
5
从“自己行动”
到“决策共识”
4
从“完成任务”
到“设定目标”

第一节 从“完成任务”到“设定目标”——学会看得远、定得准、拆得清

“你让我做什么，我就做什么；你说什么时候交，我就赶着交。”

在许多新晋管理者刚刚上任的阶段，仍然延续着这种“任务执行者”的思维模式。过去的成功经验往往源于高效完成上级安排的工作，而不是思考这些任务背后的战略意义。然而，走上管理岗位后，继续习惯于“等任务、接任务、完成任务”的模式，就容易陷入“只见树木不见森林”的盲区。

彼得·德鲁克指出，管理者的第一要务，不是做事情，而是做正确的事情。

真正成熟的管理者，不仅是任务的执行者，更是目标的定义者。他们要回答我们要去哪里，为什么去，怎样去，而不仅仅是“我们要怎么做”。

本节，我们将聚焦以下三种管理能力的构建：

如何从“执行心态”迈向“目标视角”？

如何使模糊目标具体化、可衡量、可交付？

如何引导团队达成共识并推动目标落地？

为什么“设定目标”才是管理的起点?

很多管理者在转型初期会陷入一个陷阱:“目标不清,也能靠勤奋把活干完。”

但问题是:你干得多,并不意味着你干得对。

我们先来看一个故事。

孙楠,某互联网公司的产品经理,刚升任产品主管。她在原岗位表现极为出色,勤奋、靠谱,是老板眼中的“拼命三娘”。晋升后,她延续了以往强执行力的工作作风,每天排期、跟进、测试,事无巨细。

但三个月后,不仅业务数据没有一丝起色,团队成员还出现了人效下滑的问题。她百思不得其解:“明明我每天都在带着大家拼命干,为什么结果却不如预期?”

直到一次和导师对话,导师只问了她一句:“你带着团队,知道自己在奔向哪里吗?”

这句话像一记重锤砸下。她意识到,自己虽然带队猛冲,但缺乏对“目标”的系统思考:没有战略方向,也没有阶段里程碑,更没有为团队构建清晰的目标地图。大家虽然在干,但不是在为“同一个目标”努力,甚至连“前进”方向可能都是错的。

她开始尝试学习用OKR(Objectives and Key Results,目标与关键结果法)来组织工作,团队每周对照目标,逐步建立目标意识,三个月后,团队人效提升了12%,业务指标也步入增长通道。

管理金句

> “只有当你明确你要去哪里,你才知道该怎么去。”
>
> ——约翰·杜尔(OKR推广者)

> “没有目标的军队，是一群在原地打转的士兵。”
>
> ——拿破仑

从模糊愿景到清晰目标：管理者的“目标澄清术”

在日常管理中，我们常常听到这样的目标表达：

“我们要做出影响力。”

“把用户体验做好一点。”

“大家齐心协力，把项目推进下去。”

这些话看似是有方向的，实则缺乏可执行路径。目标模糊，执行起来自然偏移。作为管理者，你必须从“情感号召者”转变为“路径定义者”——目标不是口号，而是对未来的一种结构化预设。

目标真正的意义，不在于“听起来合理”，而在于“做起来可行”。

工具：“SMART+SCOPE”目标澄清法

传统的SMART模型，提供了目标设定的五项基本要素（见表2-1）。

表2-1 SMART模型

要素	说明
Specific（S）	具体性：明确具体要做什么
Measurable（M）	可衡量性：结果可衡量，有数据支撑
Achievable（A）	可实现性：现实可达，符合资源现状
Relevant（R）	相关性：与业务重点高度相关
Time-bound（T）	时限性：有明确时间节点与节奏安排

但仅仅有SMART，还不足以应对管理者在布置任务、对齐角色、分解协作过程中的复杂性。因此，我们在实践中加入SCOPE要素（见表2-2），形成更适用于管理场景的“SMART+SCOPE”目标澄清法。

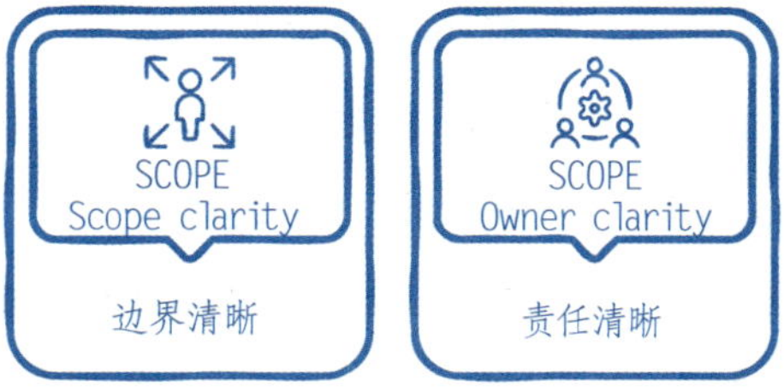

表2-2 SCOPE要素

要素	说明
SCOPE － Scope clarity	边界清晰：明确任务边界、权限范围与职责协同
SCOPE － Owner clarity	责任清晰：明确主责人、协作人、检查人与最终交付人

案例应用

原始目标：提升客户满意度。

"SMART+SCOPE"模型优化后可表达为：

在2025年第二季度内，将客户NPS（Net Promoter Score，净推荐值）从65分提升至75分，由客服主管牵头，联合市场部完成用户调研、痛点梳理与服务改进方案的设计与落地，每月评估一次进展，所有数据与成果归档至"客户体验提升项目"文件夹。

拆解后的目标维度见表2-3。

表2-3　拆解后的目标维度

要素	说明
Specific（S）	提升NPS
Measurable（M）	从65分到75分
Achievable（A）	有客服与市场团队支持
Relevant（R）	服务体验是客户留存关键指标
Time-bound（T）	2025年第二季度内完成
Scope clarity	明确调研、方案、归档等具体任务模块
Owner clarity	由客服主管牵头，市场协作，每月检查

总结

通过目标澄清，管理者不仅"说得清"，更"做得动"。团队成员将更清楚：

自己具体要做什么（目标内容）。

要做到什么程度（衡量标准）。

谁负责牵头，谁配合支持（责任归属）。

什么时候完成，怎么判断成效（节奏与判断）。

AI 导师陪练：练习“目标澄清力”

你已经了解了“SMART+SCOPE”模型，现在，我们邀请你进入一个真实模拟场景，由AI管理导师陪你逐步完成一次模糊目标的澄清转化。

★ 情景设定

你作为项目主管，需要设定一个为期1个月的客户体验优化目标，并准备提交给团队落地执行。

你（输入初稿）：我们希望提升客户的满意度。

AI导师回应：听上去，这像是一个美好的愿望。但问题是，你想提升哪一部分？用什么来衡量满意度？多久完成？谁来负责？做到什么程度才算完成？

小提示：让我们用“SMART+SCOPE”模型逐条拆解你的目标。

SMART提问清单：

S：提升什么？是提升投诉响应时间，还是售后评分？

M：是否有明确的量化指标（如NPS、评分、投诉量）？

A：你的团队能在1个月内做到吗？需要哪些资源和支持？

R：这个目标是否与本季度的团队重点高度一致？

T：有没有明确的完成时间？

你（优化表达）：我们计划在1个月内将客户NPS从65分提升到75分，聚焦优化在线投诉处理流程。

AI导师继续引导：很好，现在更清楚了。我们再补充两个关键维度：你有没有明确的执行边界？有没有指定牵头人和协作人？

补充SCOPE提问：

Scope clarity：你设定的优化流程，包括哪些环节？不包括哪些环节？

Owner clarity：谁牵头推进？谁协助执行？谁负责数据归档与结果复盘？

你（最终目标表述）：在2025年5月内，将客户NPS由65分提升至75分，由客服主管小李牵头，运营部协同优化在线投诉处理流程（页面交互、响应时间、话术规范），每周复盘一次进展，最终成果归档至“客户体验优化项目”文件夹。

最终生成目标任务卡（见表2-4）。

表2-4　目标任务卡

项目	内容
目标	提升客户NPS分数至75分
时限	2025年5月31日前完成
负责人	小李（客服主管）牵头，运营部协作
范围	在线投诉处理流程（页面交互、响应时间、话术规范等）
衡量	NPS每周追踪，投诉闭环时间
成果	流程优化报告、用户评分报告、复盘日志
检查	每周复盘一次进展，最后归档成果

管理者三步目标设定法

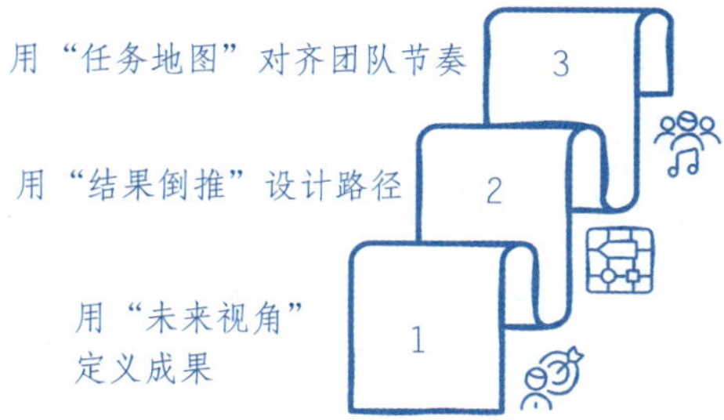

步骤一：用“未来视角”定义成果

问自己：站在一个月后、一个季度后看，什么成果最关键？

步骤二：用“结果倒推”设计路径

从目标反推三项关键任务，再逐级拆解成行动。

步骤三：用“任务地图”对齐团队节奏

把任务变成视觉化表格，明确“谁做什么、做到何时、怎么评估”，团队每周复盘。

AI陪练：目标拆解与反馈练习

智能体二维码

总结

管理者不是盯着任务的人，而是点燃方向的人。从“完成任务”到“设定目标”，不仅仅是工作方式的变化，更是身份与视角的跃变。管理者的职责，不是完成更多任务，而是设定更有意义的目标，让团队共同奔向它。目标清晰，是团队协作的出发点；目标模糊，是团队低效的根源。

如同管理大师斯蒂芬·科维所说，一开始就要以终为始。

明确目标，才能引领组织出发。

第二节
从“自己行动”到“决策共识”
——学会让团队“想一起、定一起、干一起”

新晋管理者在晋升初期往往会不自觉地选择“独自扛下一切”。任务着急？我先动手。方案复杂？我拍板定。团队犹豫？我干脆一锤定音。

这种“独自行动”的风格，在技术岗位或项目执行中曾让他们快速解决问题，但一旦进入管理岗位，就容易变成“效率假象”：看似迅速推进，实则忽视了团队共识，留下执行隐患。

管理不是个人英雄主义，而是共识工程。正如《第五项修炼》作者彼得·圣吉所说：“真正卓越的组织不是靠一个天才，而是靠持续生成共识和协同行动的能力。”

本节，我们将围绕以下关键管理能力展开：

1. 为什么“拍脑袋决策”是新晋管理者的误区？
2. 如何构建科学、高效的“共识式决策流程”？
3. 如何借助AI与工具辅助，提升团队参与感和执行力？

转变之难：为什么“独断”不等于高效？

程杰是某科技公司研发组的新晋主管。他在项目中以果断著称：方案由他直接拍板，团队只负责执行。但几次上线后问题频出，团队士气下降。他百思不得其解。

后来一次项目复盘中，有人说出实情：“不是我们不想参与，而是你不给机会。出了问题也没人提醒，所谓的执行更像是机械的服从。”

他意识到：不是大家没有想法，是自己没有激活他们的参与感。

没有参与，就没有责任；没有共识，就没有执行力。

共识式决策为何更适合团队管理？

哈佛大学商学院研究显示，在涉及跨职能协作的任务中，共识式决策比独裁式决策有更高的项目成功率（提升38%）。

共识式决策不是追求所有人完全一致，而是让关键干系人在充分讨论基础上达成一致意见并愿意支持。

我们可以将团队决策模式分为三类（见表2-5）。

表2-5　团队决策模式

决策模式	特点	结果
独裁式	管理者拍板定事	团队配合度低，有问题易推诿
多头式	多人发言，缺乏收敛	低效，无结论
共识式	明确流程，有参与、有引导、有定案	团队参与度高，可执行

正如稻盛和夫所说："让每一个人都参与决策过程，不仅提升了智慧的总和，也建立了共同承担的文化。"

三步共识式决策法（CDC模型）

我们为新晋管理者设计了实用的"CDC模型"来引导共识式决策。

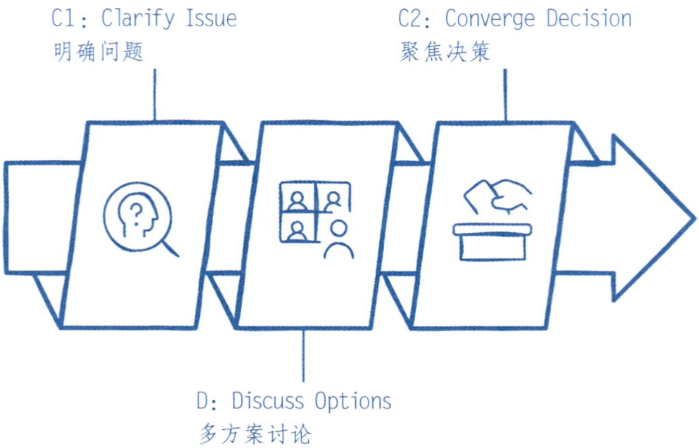

C1：Clarify Issue 明确问题

用一句话描述清楚，我们现在要解决的是什么问题。

建议使用“3W1H法”快速厘清背景。

避免“问题模糊+讨论发散”的会议灾难。

示例：

不正确：“客户不满意，我们得想办法。”

正确：“上季度客户满意度下降了8%，重点问题出现在响应时效慢，今天的目标是确认下阶段的改进方向和负责人。”

D：Discuss Options 多方案讨论

鼓励提出2~3个不同的解决方案。

使用“结构化讨论卡”（见表2–6）进行方案比对，对每个方案从预期效果、成本投入、风险点、资源需求几个维度进行简要分析。

表2–6 结构化讨论卡示例

方案	预期效果	成本投入	风险点	资源需求
方案A：流程优化	满意度+5%	低	推进缓慢	1人运营支持
方案B：增设客服岗	满意度+10%	高	招人有周期	人力资源

这一过程强调比方案本身更重要的是集思广益的过程。

C2：Converge Decision 聚焦决策

由团队票选或达成决策方向。

管理者作为“主持人”，引导收敛而非主导拍板。

明确负责人、推进计划、检视周期。

关键提醒

如果时间紧张，可使用“快速共识法”，召开30分钟会议，前10分钟收集方案，中间10分钟比对，后10分钟聚焦选择。

决策后做共识确认：我们现在达成一致了吗？谁还有顾虑？我们怎么解决？

AI 导师陪练：练习共识式会议引导

这一节，我们设计了一次沉浸式会议引导陪练。你将模拟一次真实团队会议，AI管理导师会陪在你身边，帮你梳理逻辑、组织语言、推进节奏。

★ 场景设定

你是某项目的负责人，最近有客户反馈：“平台问题响应太慢，影响体验。”你决定召集技术、运营、客服三个团队开会，讨论改进方案。但你知道，如果只是“开会吐槽”或“各说各话”，这场会议很容易陷入低效状态。你的目标是引导大家提出解决方案，并最终形成明确共识和分工。

★ 陪练对话过程模拟

你（尝试开场）：最近客户有些抱怨，说我们平台响应不够及时，今天我们聊聊这个问题。

AI导师回应：这是一个不错的出发点。但这个“不够及时”太模糊了。你要帮团队对齐问题本身，否则每个人说的可能根本不是同一件事。

建议开场表达：我们最近收到三个客户反馈，主要集中在平台消息响应时间偏慢，提交问题后的等待时间超过10分钟。今天我们聚焦讨论两个问题：一是问题确认机制是否合理，二是我们是否需要技术层面的优化。

你（继续引导）：大家有什么想法？小李你觉得从技术角度考虑有什么改进方案？

AI导师回应：这时候，别急着让每个人发言，而是先邀请大家提出可选方案，再带领他们做比对分析。

建议引导语：我们先梳理几个可能的改进方向。比如，增加FAQ（Frequently Asked Questions，常见问题解答）自动响应模块；将客服响应纳入SLA（Service Level Agreement，服务水平协议）考核；优化问题识别逻辑，自动分类并预处理。大家有没有补充？

你（组织讨论）：那你们觉得哪个方案更好？

AI导师回应：“哪个好”这种开放性提问容易发散。你需要给出评估维度，引导大家一起看清利弊。

建议引导语：我们从三个角度评估每个方案——用户体验提升幅度、技术开发成本、执行周期。大家逐条打分，然后我们聚焦最优组合方案。

你（准备收尾）：那我们就选第二个方案推进吧？小张你来弄？

AI导师回应：很好，但还差最后一步——谁做、何时做、怎么检查？这三点不到位，共识就无法变成结果。

建议结语表达：我们最终确认方案B，由运营部牵头设计

SLA考核指标体系，客服部于下周二提交现有响应数据，技术部协助提供后端时效监测。我们下周五例会再做一次进度回顾。

最终生成“共识式会议纪要”内容框架（见表2-7）。

表2-7 “共识式会议纪要”内容框架

项目	内容
问题定义	客户反馈平台响应缓慢，超10分钟未处理
讨论议题	确认问题成因，比较三个改进方案，评估执行可行性
决策共识	选定方案B：优化响应流程，引入SLA考核
执行分工	运营部牵头，客服部、技术部协作
时间计划	下周二提交现有响应数据
跟进机制	下周例会做进度回顾

本周推荐行动

1. 回顾本周的一个关键决策，反思是否让团队参与过深度讨论。

2. 邀请团队成员参加一次结构化共识会议，使用CDC模型引导决策流程。

3. 利用AI陪练工具，演练一次共识式引导对话，提升会议引导力。

AI陪练：团队决策模拟
智能体二维码

总结

管理者不是决策机器，而是共识催化师。“拍板”容易，“共识”难；但只有共识，才能让执行有信念、方向不跑偏。管理者的角色，是点燃团队的智慧，而不是取代他们的判断。

如亨利·福特所说，把所有人聚到一起思考，是开始；让所有人朝同一方向努力，是进步；达成共识并协同前进，才是真正的成功。

第三节
从“个人执行力”到“集体执行力”

你是否曾遇到这样的场景：

你安排好的计划，最后总是靠自己完成；团队成员常常等待指令，不主动推进；工作结果要么不达标，要么不能按时交付。

你做得很多，却感觉很累；你强调了责任，却依然推不动团队。这是因为你还停留在“个人执行力”的视角，没有完成向“集体执行力”的跃变。

“我做得快”固然重要，但“我们做得稳、做得对、做得齐”才是管理者该追求的。

变革领导力大师约翰·科特说，真正的执行力，不是一个人跑得多快，而是整个团队能否一起冲线。也就是这个意思。

核心认知转变：从“我做了”到“我们完成了”

执行力，并不是一个人能完成的任务。

美国哈佛商学院的管理学者 Michael Porter（迈克尔·波特）提出，组织绩效的核心不在于个人能力的总和，而在于集体协同能力的建立。

新晋管理者常常误解执行力为“我自己带头做”，但更高阶的管理者知道，领导者的职责，是建立团队的执行系统，让每个人都能为结果负责、为目标行动。

真正的执行力，是让团队成员主动推进目标；明确各自职责；有机制复盘改进；有习惯确保兑现。

而这些依赖于三个关键管理动作：责任共识、流程驱动、群体监督。

真实案例：一场“完美策划案”的执行惨败

王然是市场部新晋升的项目经理，负责公司新产品的发布会策划。他才思敏捷、执行力强，用三天时间亲自完成了所有PPT、预算和活动流程。团队成员几乎没有参与，仅在他要求时配合做些小任务。

他的思路清晰、表达到位，策划案得到了总监肯定，团队成员也都点头称好。他以为一切都万无一失。

发布会筹备阶段，问题接连出现：负责设计的同事忘记确认海报版式，直到印刷前一天才发现错误；负责外联的同事没有对接好场地，导致主会场提前一小时关门；礼品统计出现遗漏，导致现场一半嘉宾没有领取到礼包。

王然加班补救、自己赶制PPT、亲自跑场地，团队却在微信群里沉默如水，仿佛这只是“王然的发布会”。

复盘会上，王然第一次开口说出：“我做了那么多，为什么大家都不主动？”

负责设计的同事委婉回应：“你前期都安排好了，我们就当成你全包了。”

负责外联的同事说：“你没让我们负责会场对接，以为是你搞定的。”

王然哑口无言。他终于意识到：没有共识的执行，是无法驱动集体行动的。

在导师引导下，王然开始重新构建执行机制：

他开始用“责任清单”明确每个人的职责；

每周设立“执行进展日”，让大家轮流汇报；

会议中不再只讲安排，而是让成员自己陈述“下周我要做什么”。

三个月后，另一个市场项目上线，团队成员积极主动、协同默契，王然第一次感受到集体推进目标的力量。

工具：打造“集体执行力”的三板斧

团队的真正执行力，从来不只是“交代了什么任务”，而是能不能推动每一个人对结果负责、彼此协同、主动复盘。

以下三个工具，是管理者激活集体执行力的三个关键。

工具一：集体承诺图（Commitment Map）

把“你要我做”变成“我愿意做”的自驱表达。

集体承诺图，是把“目标责任”从上级安排转化为团队共识的简单而强大的工具。它不仅交代任务，更鼓励成员站出来为自己负责的部分签字承诺。将目标拆解为若干关键任务模块，明确内容范围，然后由团队成员自愿认领，并签下自己的名字（见表2–8）。

表2–8 集体承诺图示例

任务编号	关键任务描述	认领人签名	支持人员	完成时间	成果输出形式
1					
2					
3					
4					
5					

使用步骤：

团队设定一个共同目标（如“客户满意度提升15%”）；

将目标拆解为关键任务模块，逐项列在白板或项目看板上；

让成员自主认领任务，并签上自己的名字。

场景建议：

最好在项目启动初期或月度节点复盘时使用，用来重建集体目标感与行动对齐度。集体承诺图不是形式主义，而是一种心理转换机制：从“任务接收者”变成“结果拥有者”。

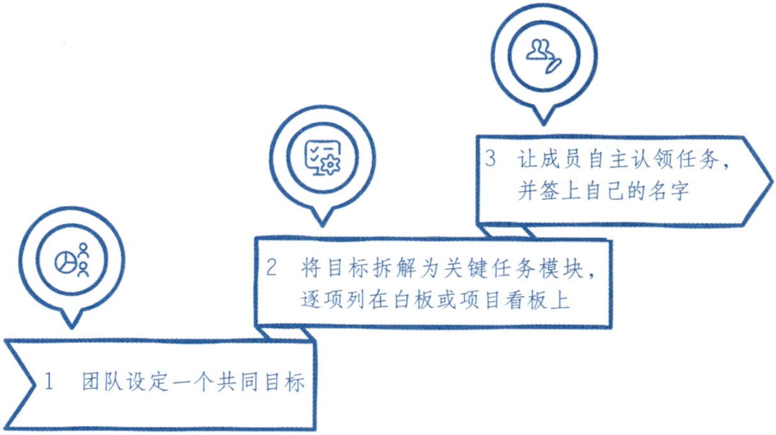

工具二：责任－任务矩阵表（RACI Chart）

RACI模型是经典的责任分工工具，适合在任务复杂、跨部门协作多、角色模糊时使用。运用RACI模型，可以把“我以为你会做”变成“谁做、谁决定、谁配合、谁通报”都清楚。

R（Responsible）：谁真正动手做？

A（Accountable）：谁拥有最终决定权？

C（Consulted）：谁会参与讨论，提供建议？

I（Informed）：谁需要知情但无须参与？

使用建议：

在推进会或执行初期使用，把角色边界说清楚、画清楚、写清楚，一切“扯皮”和“误解”都止于表格之上（见表2-9）。

R（Responsible）执行人
谁真正“动手”做？

A（Accountable）批准人
谁拥有最终决定权？

C（Consulted）协商人
谁会参与讨论，提供建议？

I（Informed）知情人
谁需要知情但无须参与？

表2-9　责任-任务矩阵示例

任务	R（执行人）	A（批准人）	C（协商人）	I（知情人）
宣传文案制定	张三	王然	设计部	全员
嘉宾邀约	李四	王然	公关部	全员

工具三：节奏会议机制（Rhythm Meeting）

把“一时热情”变成“持续推动”的组织节奏感。集体执行力不是靠一次动员形成的，而是靠节奏稳定的会议机制维持的。

推荐你建立以下三类会议机制（见表2-10）。

表2-10　节奏会议机制

类型	频率	目标
推进会	每周一次	明确进度，暴露问题
成果会	每月一次	展示成果，复盘经验
目标会	每季度一次	检视绩效，重设目标

会议提示：

每人发言限时，强调结果而非过程。

汇报不是“汇总”，而是“对结果的说明”。

鼓励问题透明，营造“暴露问题=贡献”的文化氛围。

本周推荐行动

1. 召开一次“共识启动会”，明确当前项目目标（可使用“SMART+SCOPE”模型），拆解任务并填写“集体承诺图”，邀请团队成员认领并签名。

↓

2. 绘制一张“责任–任务矩阵表”，明确任务执行人、批准人、协商人、知情人，分享到团队群组，达成共识并接受提问与补充。

↓

3. 建立“节奏会议机制”，安排本周首次节奏推进会（15~30分钟），每人更新任务进度、暴露问题、确认下阶段节点。

↓

4. 选一个任务，尝试只做引导不做执行，观察你的“引导表达”是否清晰，任务是否顺利被接住。复盘你做得越少，团队就做得越多了吗？

AI陪练：执行协同任务演练

智能体二维码

总结：从“我来做”到“大家一起做”

集体执行力不是口号，而是系统。它来源于三大要素：

（1）清晰目标 → 统一方向。

（2）明确责任 → 减少推诿。

（3）固定节奏 → 保持推进。

记住，你的努力值不如大家的协同值。一个人再努力，也跑不过一个有节奏、有协同、有承诺的团队。新晋管理者，唯有真正建立起“团队负责结果”的机制，才能从“执行者中心”走向“系统驱动者”的新角色。

CHAPTER 3

协同

激活团队管理的运行机制

“同声相应，同气相求。”

——《周易·乾》

AI 导师来信

亲爱的学员：

当你走到管理旅程的中段时，可能会感到一种全新的挑战正在袭来。

任务都有人做了，流程也建起来了，但团队就是拧不成一股绳。

你明明很努力，却还是在“推不动”“沟通难”“扯皮多”中疲惫不堪。

欢迎你进入真正的“协同阶段”。

这个阶段，不再考验你一个人能做多少，而是考验你能否打造一个彼此信任、相互配合、敢于直面问题的团队。

我们将一起修炼三项关键协同力：

1. 从“独立作战”到“团队协作”—— 打破信息孤岛，打造共同行动网。

2. 从“技术沟通”到“管理沟通”—— 学会说对话、建信任。

3. 从“发现问题”到“解决冲突”—— 直面分歧，锻造团队韧性。

我会帮助你建立协作机制、沟通范式和冲突处理策略，告别“只靠感情做管理”，真正走向“有章法、有力量的组织协作”。

你会发现，带人不再是件困难的事，反而会让你更有成就感。

别忘了，好的管理，从来不是你一个人的独角戏，而是一首人与人之间的协奏曲。

让我们一起进入协同进化的深水区。

AI管理导师景行

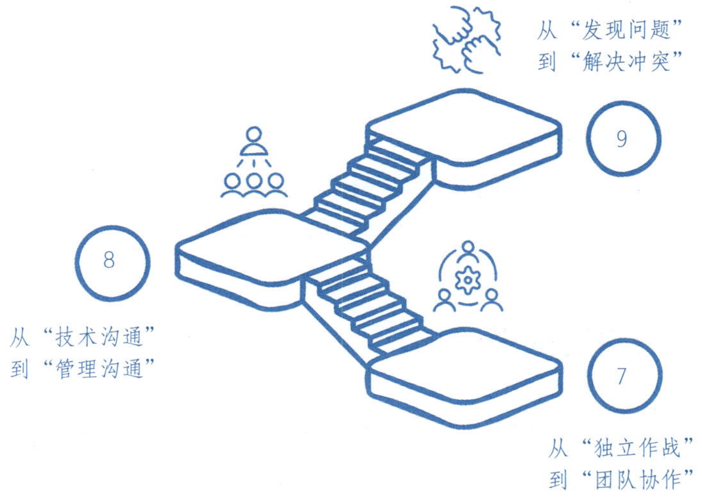

第一节
从“独立作战”到“团队协作”
——构建协同能力，打造高绩效团队的起点

新晋管理者在上任初期常常有一种错觉：我很能干，我拼命做，就能带动整个团队。但事实是，一个人的努力终究有限，一个人再强，也无法替代一个协同高效的团队。

正如英国管理学家查尔斯·汉迪所说，管理不是把事情做得尽善尽美，而是让合适的人一起完成目标。

从“独立作战”到“团队协作”，不仅是方式的切换，更是认知的跨越、角色的升维和管理格局的重构。

独行者的困境

陆昊是一家制造业公司的研发骨干，因项目交付能力强而晋升为研发主管。他以为晋升不过是换个岗位、多了几项审批权限。但很快，他发现自己原有的“独行侠”模式在团队管理中彻底失效了。

第一周，他自己冲在最前线，每天都是最后一个下班的，甚至帮下属完成任务。

第二周，他开始感到疲惫，成员却变得依赖，不主动，不协同。

第三周，项目延期，团队士气低迷。老板问他：“你现在是

带团队的，为什么还是你一个人在拼？”

那一刻，陆昊猛然意识到，如果不能建立协作机制，他便不是在领导团队，而是独自奋斗。

团队协作为何如此关键？

在工业时代，管理的核心是流程与分工。彼时的管理逻辑如同流水线：标准化、模块化、线性执行。但在今天，组织面临的是知识密集、问题复杂、变化迅速的环境，靠单一岗位的分工已无法应对系统性挑战。

知识型组织更像是一台生态操作系统，而非生产机器。分工只是基础，协同才是关键。正如“质量管理之父”爱德华兹·戴明（Edwards Deming）所言，94%的问题来自系统，而非个人。

爱德华兹·戴明的这一观点深刻揭示：再优秀的个体，也无法弥补一个失灵的系统。而“团队协作”正是构建系统能力的起点，它的本质是打造一个信息共享、资源联动、责任清晰的有机体，而非依靠某个“超级个体”。

T7 模型：构建高绩效团队的七个基因

高绩效团队的默契协作从来不是偶然出现的，而是被建构、被培养的系统能力。在团队管理领域，T7模型是全球公认的权威理论之一，它由 Michael Lombardo（迈克尔·隆巴多）与 Robert Eichinger（罗伯特·艾兴格）于1995年提出，整合了心理学、组织行为学与绩效研究成果。

T7模型诞生的背景，是对数百个团队绩效案例的深度研究与访谈，它试图回答一个核心问题：是什么构成了一个高绩效团队？

模型中的“T”是Team（团队），而“7”代表组成团队协作力的七个关键维度（见表3–1）。它跳脱了仅看个体能力的视角，强调团队内外部系统协同的力量，是构建组织协作力的重要工具。

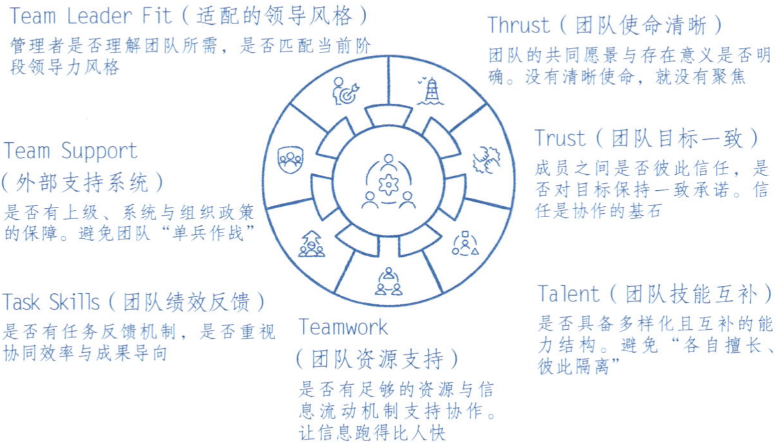

表3–1　T7模型的7个维度全解

维度	含义简析
Thrust（团队使命清晰）	团队的共同愿景与存在意义是否明确。没有清晰使命，就没有聚焦
Trust（团队目标一致）	成员之间是否彼此信任，是否对目标保持一致承诺。信任是协作的基石
Talent（团队技能互补）	是否具备多样化且互补的能力结构。避免“各自擅长、彼此隔离”
Teamwork（团队资源支持）	是否有足够的资源与信息流动机制支持协作。让信息跑得比人快

续表

维度	含义简析
Task Skills（团队绩效反馈）	是否有任务反馈机制，是否重视协同效率与成果导向
Team Support（外部支持系统）	是否有上级、系统与组织政策的保障。避免团队“单兵作战”
Team Leader Fit（适配的领导风格）	管理者是否理解团队所需，是否匹配当前阶段领导力风格

按照高绩效团队的T7模型，管理者不是“执行者的升级版”，而是“协作系统的建构者”。

三步构建协同机制

要从“独立作战”迈向“团队协作”，并非一朝一夕，而是一次从工具、流程到文化的系统进化。以下三步，可以帮助新晋管理者搭建基本的协作机制。

步骤一：打破“个人闭环”，建立任务协作链

很多新手管理者总觉得“事情由我来做才放心”，结果事事亲力亲为，既拖慢效率，也阻碍团队成长。真正的协作机制，是每件事都有人做、有人接、有人收尾。

工具推荐：3W1H任务协作法。

What：任务是什么？是否需要多人协作？

Who：谁负责推进？谁辅助？谁验收？

When：时间节点是什么？是否有先后顺序？

How：执行路径是什么？是否有标准流程或模板？

协作不是“你做A、我做B”，而是“我们怎么一起完成X”。

步骤二：搭建信息高速路，实现任务透明化

协作的杀手之一，是信息孤岛。沟通不清、文件散乱、任务重复等问题，是多数团队协作失效的元凶。

工具推荐：可视化协作平台（如飞书、Notion等）。

建立任务看板，清晰展示目标、进度与责任人。

聚合评论区与资源区，资料集中、上下文完整。

设立固定站会机制（如每周15分钟），同步状态、及时调整。

小建议：少用“群聊式管理”推进任务，避免信息沉没、节奏混乱。

步骤三：构建协作文化，推动互助与补位

协作不仅是一种任务安排方式，更是一种团队文化。真正成熟的团队，不怕有人出错，就怕没人补位。

实操建议：建立“协作契约”，所有任务成员有“主动预警、及时交接”的义务。

设立“协作KPI”，将协作满意度、响应速度等指标纳入绩

效考核。

每月进行“协作复盘”，聚焦分工失衡、信息阻断、配合断层。

借鉴案例：丰田公司复盘理念强调，问题暴露是最大的进步。

总结：从“执行个体”到“协作建构者”

新晋管理者的跃变，不在于会做更多事，而在于能搭建让团队高效完成任务的系统。T7模型让我们看到，高绩效团队不是依靠喊口号、拼激情，而是依赖清晰的机制与文化。

成长，不是“做得更多”，而是“带动更多人，一起做好”。

AI 导师陪练：协作力陪练加速器

用户：景行导师，我最近接了一个项目，需要几个同事一起配合完成，但我担心分工后大家各干各的，最后任务不统一。你能陪我练习一下如何布置任务、带动协作吗？

AI导师回应：很好，你已经意识到团队协作中的“统一推进”问题，这是管理者成熟的表现。我们可以通过一次模拟来训练你的协作布置能力。请你先回答我两个问题，作为这次练习的起点：

你打算布置的项目任务是什么？

你希望团队达成的最终目标是什么？

用户：任务是“梳理客服流程，提升客户满意度”，最终目标是形成一个流程优化建议方案，提交给运营部。

AI 导师回应：非常好。现在我将模拟你团队中的三位下属，他们分别具有不同性格特点和典型反应，你需要像在真实工作中一样完成四个动作：① 布置任务；②回应问题；③ 推进协作；④确认闭环。你可以现在开始任务布置，我准备好了。

用户：小林负责调取上个月客户投诉数据并归类；小张负责分析流程痛点，结合后台操作流程；小刘负责汇总建议并撰写初稿。我们三天后开碰头会，目标是形成一版优化草案。

AI 导师回应：三位下属提出问题。

小林：数据我能抓，但需要技术部协助拉取字段，时间可能卡得比较紧。

小张：我建议流程分析和投诉原因一起做，否则可能定位不准。

小刘：我能写，但流程不是我熟的，怕信息不全影响成稿。

现在你面临典型协作场景中的三种挑战：

数据依赖问题（跨部门协作）；

任务边界模糊（职责交叉）；

能力匹配不足（信息不对称）。

请你回应三位下属的问题，并继续推进任务。你可以一一回应或整体调整。

（模拟结束后，AI 导师给出反馈。）

AI 导师回应：本轮演练中，你的布置结构基本清晰，能感知到协作障碍并尝试补位安排，展现出协作管理意识。我给你三条成长建议：

1. 提前识别协作依赖链。像小林的数据问题，其实在布置前就该“向上游看”。

2. 目的不是分开做，而是要协同完成一件事。可以设置交叉点或“流程接力点”。

3. 流程型任务适合加设“阶段节点”，每个小任务闭环后快速同步，增强节奏感。

本周推荐行动

“三人协作任务”实战演练

目的：锻炼管理者对团队协作任务的组织力与过程管理能力。

方式：选择一个团队任务，设定三人以上协作目标，进行任务布置、节点推进、问题协调、结果闭环的全过程管理。

推荐工具：飞书协作看板、Notion任务板、石墨文档协同表。

过程重点：明确目标 → 拆解任务 → 分派角色 → 建立节奏，每日更新进展，每两日进行一次同步沟通。

收尾总结：共识收敛、问题复盘、机制固化。

提示：同步不仅仅是信息传递，更是节奏再校准。

协作文化共创会

目的：让团队成员共同参与制定“协作准则”，增强协作共识与行为认同。

方式：组织一次30分钟的开放式讨论会，围绕“我们希望的协作状态是什么”展开共创。

引导问题建议：

（1）当协作高效时，我们做对了什么？

（2）当前团队中最大的协作障碍是什么？

（3）我们希望建立哪些“协作小规则”来提升配合质量？

产出建议：制定“团队协作小公约”，例如，任务遇阻48小时内必须主动报备；每周五收尾站会，每人提交一份协作建议；共享资料不得隔夜未上传系统。

协作盲点扫描问卷

使用AI管理导师或系统内置工具，对当前团队协作状态进行匿名调研。

题目举例：

（1）你觉得目前团队协作中，最常见的信息断层在哪里？

（2）你是否明确知道自己这周任务的协作对象和目标？

（3）在过去7天内，你有多少次主动帮助他人推进了任务？

目的：将“协作认知盲区”数据化，支持后续文化优化或机制设计。

AI陪练：协作沟通演练

智能体二维码

总结：协作不是默契，而是机制

管理的进化，从来不是“我会做什么”，而是“我能让多少人一起做好”。

从“独立作战”到“团队协作”的关键跃变，是管理者成长过程中的一道坎。协作不是理想化的默契，而是可以被设计、被推进、被复盘的行为系统。优秀的管理者懂得构建这样的系统，并让团队成员在其中感受到有序、安全与价值感。

协作力，是团队真正的生产力。

第二节
从“技术沟通”到“管理沟通”

“我已经说得很清楚了，为什么他们还是理解错了？”——这是新晋管理者最常有的困惑之一。

作为一名技术骨干出身的管理者，你或许已经习惯了用精准的数据、明确的指令来沟通问题。但当你走上管理岗位，沟通的意义不再是传达事实，而是要影响认知、驱动行为、达成共识。

彼得·德鲁克曾说，沟通的最大幻觉，是它已经发生。你说了，并不等于对方听懂了、接受了、愿意行动了。管理者的沟通，不是把事情讲出来，而是让团队动起来。

管理者的沟通，不是传递“事实”

误区：逻辑清晰等于沟通有效。

张磊是某互联网公司的研发主管，刚上任时，他讲解团队规划，条理清晰、数据翔实，自认为是完美表达。可开完会，团队成员却反应冷淡，甚至私下吐槽：“这关我什么事？”

他很疑惑：“我说得不清楚吗？”其实，他犯了技术沟通者的通病——把信息当“事实”在传递，却忘了团队成员更关心“我为什么要做”“这和我有什么关系”“我要怎么做”。

观点升华

> 技术沟通关注“问题是什么”“怎么解决”。
> 管理沟通关注“为什么做”“谁来做”“愿不愿意做”。

转变策略一：从“信息讲解”到“意义连接”

你讲的不是方案，是愿景；不是任务，是价值。

旧表达：“这个功能上线有助于提高平台稳定性。”

新表达：“这个功能上线后，能减少 30% 的用户投诉，你负责的模块将影响超过20万用户。”

转变策略二：从“我讲完了”到“他们听明白了”

用“教练式对话”替代“讲师式表达”。

提问：“听完后，你觉得最关键的挑战是什么？”

检查：“你如何理解这个目标？”

共创：“如果让你来设计这个方案，会怎么推进？”

管理金句

“管理沟通的终点，不是你说完了，而是对方愿意动了。”

——《哈佛商业评论》

从“传达指令”到“建立信任”

李雪是新晋产品经理，习惯于用“任务清单”的方式布置工作，每天“你做这个”“你查那个”。她认为这样沟通高效，但团队成员却觉得被“支配”，缺乏参与感与主人翁意识。

结果是员工执行力下降，只是“完成任务”，缺乏主动性；团队氛围低迷，觉得自己只是“被派活的人”。

观点升华

管理沟通不是命令，而是赋能；不是“我告诉你”，而是“我们共同推进”。

转变策略三：用“意图 + 期待 + 支持”三段式沟通任务

每次布置任务，用这三个句式重构沟通。

意图（Why）：“我想让你做这项调研，是因为下个月我们要调整产品策略。”

期待（What）：“希望你能提供三家竞品的核心功能对比，最好在本周五前完成。”

支持（How）：“你需要资源、数据或人员协助，随时告诉我。”

转变策略四：建立“信任反馈回路”

主动询问：“这个任务你有没有什么顾虑？”

鼓励反馈：“你的判断对我很重要，我想听听你的意见。”

感谢表达：“你的建议让我重新思考这个计划，很有价值。”

工具推荐： GROW（Goal- Reality- Options- Will）模型式沟通，适用于1对1沟通，让员工从“被指令”走向“自我驱动”。

Goal（目标）：你期望达成什么目标？

Reality（现状）：目前的状况和挑战是什么？

Options（方案）：你能想到的可行方案有哪些？

Will（行动）：你愿意采取哪种方式推进？

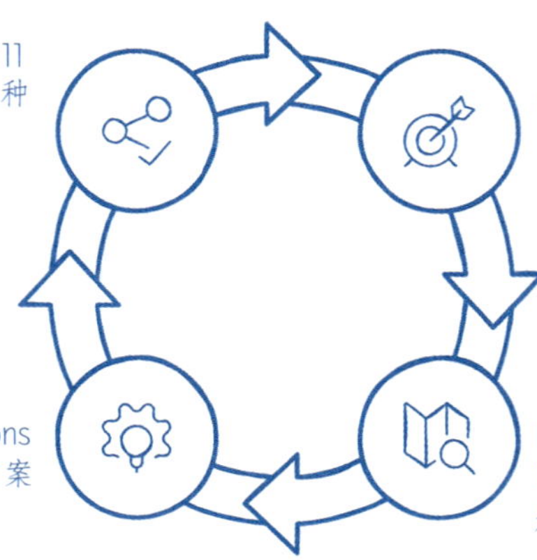

管理金句

“被聆听，是信任的起点。被期待，是参与的动力。”

——马歇尔·戈德史密斯

从“专业输出”到“跨界共识”

误区：我讲得对，别人就会认同。

技术型管理者常常在跨部门沟通中“水土不服”——他们讲逻辑，讲流程，讲细节，却忽略了不同岗位关注的焦点完全不同。

营销关心影响力，销售关心转化，运营关心效率，HR（Human Resources，人力资源）关心成本与人力负担。你若只讲专业，“正确”也可能变成“孤岛”。

管理沟通是一门“翻译的艺术”，既要懂业务，还要懂听众。

转变策略五：建立“对话地图”，先站在对方角度说话

在与不同对象沟通前，问自己三个问题：

（1）他最在意的指标是什么？

（2）他最关心的风险点在哪里？

（3）他希望我用什么方式表达？

转变策略六：用“结构式沟通”达成共识

推荐使用PREP结构（Point-Reason-Example-Point）。

Point（观点）：“我们建议将A功能延后开发。”

Reason（原因）：“因为当前资源紧张，B功能对用户影响更大。”

Example（例子）：“上周我们试推B功能，用户增长达10%。”

Point（再强调）：“所以，我们建议优先推进B功能的进一步开发。”

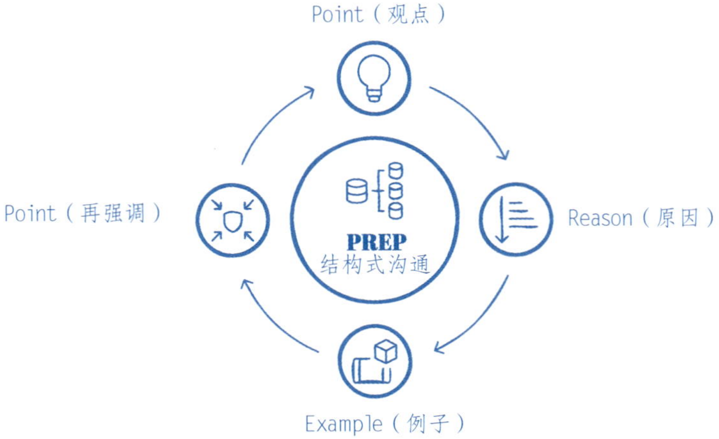

管理金句

"真正的管理者不是说得对，而是能让不同的人共同向前。"

——杰克·韦尔奇

案例剖析

赵晨，某科技公司项目经理。为推进一项重要产品升级，他设计了详尽的任务推进方案，并召开全员会议讲解。他的讲解逻辑缜密、步骤详尽，自认为"万无一失"。

但一个月后，项目进展缓慢，各部门响应消极。他感到沮丧："我明明讲得那么清楚，怎么大家不动呢？"

复盘后他才明白，他讲的是"技术方案"，而不是"团队动员"；他说的是"做什么"，却没有说"为什么要做""每个人的价值在哪"。

后来他改用"意图+期待+支持"的方式沟通，让每个部门表达顾虑与期待，再基于团队目标共建计划，执行效率迅速提升。

案例启示

管理沟通不是“信息输出”，而是“集体参与”。

AI 导师陪练：沟通力升级模拟器

★ 模拟练习1

你将主持一场跨部门会议，需要推进一个有争议的协作项目。请向AI“角色同事”分别讲述方案、听取反馈，并用PREP结构达成共识。

★ 模拟练习2

请用“意图+期待+支持”三段式沟通方式，为AI“新下属”布置任务，系统将给予语气、逻辑与影响力的反馈评分。

★ 模拟练习3

用GROW模型与AI角色开展1对1教练对话，帮助对方找到解决方案，系统将识别你是否真正激发了对方的思考。

★ 陪练目标

1. 学会因人而异的表达方式。
2. 掌握结构化沟通工具。
3. 提升团队信任感与沟通影响力。

AI陪练：情景反馈练习
智能体二维码

总结

本节你完成了从“技术沟通”到“管理沟通”的三大转变：

从“信息讲解”到“意义驱动”，沟通的目的不是传达，而是点燃。

从“传达指令”到“共建信任”，沟通不是推送任务，而是赋能成长。

从“专业输出”到“跨界共识”，沟通不是展示你有多懂，而是让大家一起前进。

管理者的语言，不是工具，是影响力。真正有效的沟通，不是把话说出去，而是把心带进来。

第三节

从“发现问题”到“解决冲突”

——冲突不是坏事，关键在于如何引导它成为成长的契机

作为新晋管理者，你是否曾有这样的经历：明明发现团队里有摩擦，但觉得“不好说，怕伤感情”，于是选择回避；面对成员之间的对立，只想“劝大家退一步”，没有真正解决矛盾；

在跨部门协作中感受到“暗流涌动”，但苦于没有工具化解。

如果你有这些烦恼，请记住：冲突不是团队失败的标志，而是成长的门槛。正如帕特里克·兰西奥尼（Patrick Lencioni）在《团队协作的五大障碍》中指出，缺乏冲突，是团队缺乏信任的表现；回避冲突，将导致虚假的和谐与真实问题的积累。

管理者真正的职责，不是避免冲突，而是学会“拆雷”与“引爆后的重建”。

从“回避冲突”到“主动面对”

王晨作为新晋销售主管，在发现组员小杨与客户支持的同事小刘之间长期有摩擦时，选择不插手。他担心干预会让团队氛围更差。

结果呢？

小杨工作消极，被动等待支持；小刘态度敷衍，总将“反正你们销售也不配合”挂在嘴上；项目延期，客户满意度下降，团队氛围日渐冷漠。

其实，职场中的冲突不可避免，但能否解决冲突，决定了团队的质量。

研究表明，冲突有三种类型：

（1）任务性冲突（Task Conflict）：关于目标、策略或方法的分歧。

（2）关系性冲突（Relationship Conflict）：人际风格、个性冲突。

（3）过程性冲突（Process Conflict）：关于分配工作、责任归属等问题的分歧。

其中，适度的任务冲突有助于创新和提高绩效，而关系性冲突若被忽视，则可能导致团队破裂。

任务性冲突（Task Conflict）

关系性冲突（Relationship Conflict）

过程性冲突（Process Conflict）

应对策略一：管理者要“看见冲突”，不做回避者

识别冲突类型，辨别是任务差异，还是情绪积怨导致的冲突。

主动约谈关键人，倾听双方观点，而非“和稀泥”。

判断冲突对业务的影响，快速定性定量。

应对策略二：建立“冲突预警系统”

定期进行团队温度调查。

建立“匿名表达平台+关键问题反馈”机制。

建立“心理安全”文化，让表达不同意见变成常态。

管理金句

“真正高效的团队，不是没有冲突，而是有能力快速化解冲突。”

——艾米·埃德蒙森《无畏的组织》

从“中间调解”到“结构引导”

李雪是产品主管，面对UI设计与开发的争执，经常采取

"中间人"的姿态："你们都别争了，各让一步。"但她很快发现，她成了"意见接收器"，天天被夹在中间疲于调解，矛盾却没有实质性化解。

其实，化解冲突不是靠"劝"，而是靠结构引导与机制干预。

应对策略一：使用 DESC 模型进行结构化冲突对话

DESC模型由美国心理学家Sharon Anthony Bower（沙伦·安东尼·鲍尔）提出，适合情绪化对话或对人不满时使用。

D（Describe）描述具体行为："上次你在会上打断我说话……"

E（Express）表达感受与影响："我感到不被尊重，会议气氛也受到了影响。"

S（Specify）说明期望："我希望下次我们能彼此尊重，等对方说完。"

C（Consequences）强调后果或好处："这样我们才能高效沟通，不影响决策。"

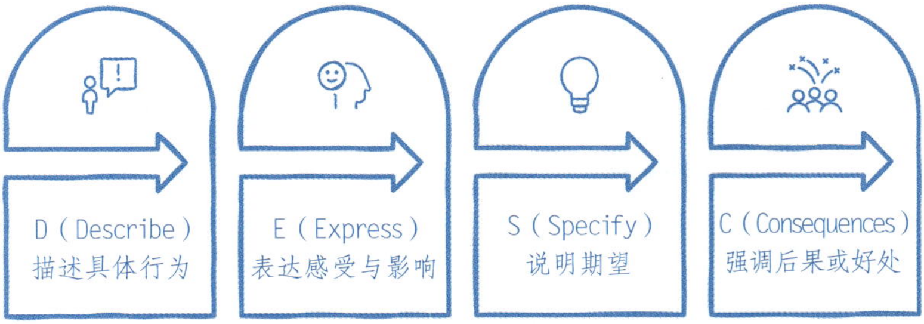

应对策略二：引导双方用"三明治反馈法"表达

"三明治反馈法"的结构为：肯定+问题+建设性建议。

例如：

"我很欣赏你这次对产品细节的把控，但UI风格确实与品牌不一致。我们一起优化模板结构好吗？"

管理者不要"包办"，而是"搭台"让对话发生，用结构和节奏来降低冲突的破坏性。

管理金句

"伟大的管理，不在于避免冲突，而在于让冲突成为对话的开端。"

——肯·布兰查德

从"解决矛盾"到"构建共赢"

张磊在一次跨部门对接中力挺自己部门的诉求，结果导致另一部门强烈不满，表面配合，实则消极抵制，协作效率极低。

其实，冲突的最终解决不是"谁赢了"，而是"我们共同推进了"。

应对策略一：使用利益地图（Interest Map），达成"协同共识"

听取双方观点，列出各自关注的核心点；找出共同利益或潜在互利项；用"多赢公式"重构方案。

示例： A团队需要快速上线，追KPI；B团队担心质量问题与售后压力。

双方共识点：追求用户满意度。

重构新方案：MVP（Minimum Viable Product，最简化可实

行产品）版本上线，用户内测反馈，迭代机制。

应对策略二：建立“冲突复盘机制”，沉淀可学习经验

冲突不是一件“羞耻事”，而是成长触发点；每次解决后进行复盘，记录哪些对话、机制有效；建立案例库，让新晋管理者知道如何做选择与引导。

管理金句

“冲突，是深层合作的序章。”

案例剖析

在某消费电子公司的一次新产品延期危机会议上，研发主管与市场总监争得面红耳赤，甚至情绪失控。原定1小时的会议陷入僵局。

新晋副总裁周舟临危接手主持会议。他没有立刻“压制冲突”，而是先让大家冷静5分钟，随后用DESC模型邀请双方分别陈述不满、表达诉求、提出建议，并将大家引导回“如何最大程度减少损失”的共同利益上。

他随后提出一个“重新排期+公关同步+客户走访”的组合方案，并请冲突双方一起执行。3周后，客户满意度恢复，内部士气也明显提升。

启示：解决冲突不是“摆平”双方，而是要将双方引导到“共同目标”的方向上。

AI 导师陪练：冲突处理模拟器

★ 模拟练习 1

AI 生成跨部门冲突情境，由你主持会议，使用 DESC 模型与“三明治反馈法”解决问题。

★ 模拟练习 2

面对“情绪激动的 AI 同事”，你需要进行 1 对 1 辅导并完成利益地图绘制，系统将评价你的对话策略、缓和能力与重构水平。

★ 模拟练习 3

快速写一份冲突复盘记录，系统会给出结构、清晰度和管理洞察评分。

★ 陪练目标

1. 掌握情绪型与任务型冲突处理结构。
2. 提升现场应变与对话引导能力。
3. 形成系统化冲突解决方法。

AI 陪练：冲突处理对话
智能体二维码

总结

本节你掌握了从“发现问题”到“解决冲突”的三大管理跃变。

从“回避矛盾”到“主动识别冲突”：冲突不可怕，关键是及时看见与定义。

从“中间劝和”到“结构引导”：管理者不是“调停者”，而是“引导者”。

从“解决事件”到“构建机制”：冲突的价值在于共识升级与团队成熟。

管理者是“冲突的建筑师”，不是“火情的扑灭者”。你的引导力，决定了团队是否能从分歧中走向共赢。

CHAPTER 4

驱动

点燃持续成长的内驱火种

“善为士者，不武；善战者，不怒；善胜敌者，不与；善用人者，为之下。

——《老子 · 德经 · 第六十八章》

AI 导师来信

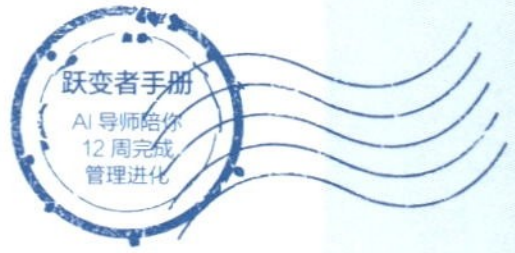

亲爱的学员：

恭喜你走到管理跃变的最后阶段。

你已经不再事事亲力亲为，能组织团队协作，解决冲突，传递目标。但你是否意识到，真正卓越的管理者，绝不仅停留在“把事情做成”？

这个阶段，你要从“管理事务”走向“点燃成长”，成为一个能够不断赋能团队、激活人才潜能的驱动型领导者。

在这一章，我们将共同探讨：

1. 从“个人技术成长”到“管理能力提升”——构建你的领导力增长曲线。

2. 从“被动学习”到“自我驱动”——打造管理者的内在成长飞轮。

3. 从“个人提升”到“团队成长”——让你的成长带动整个团队进化。

你将学会如何做管理中的教练、设计学习场域、形成团队共进机制，不只是把人管住，而是把人带起来、托上去。

请记住，伟大的管理者，不是团队的引擎，而是团队的燃点。

这一章，我们一起点火、筑炉、炼人、成团。

AI 管理导师景行

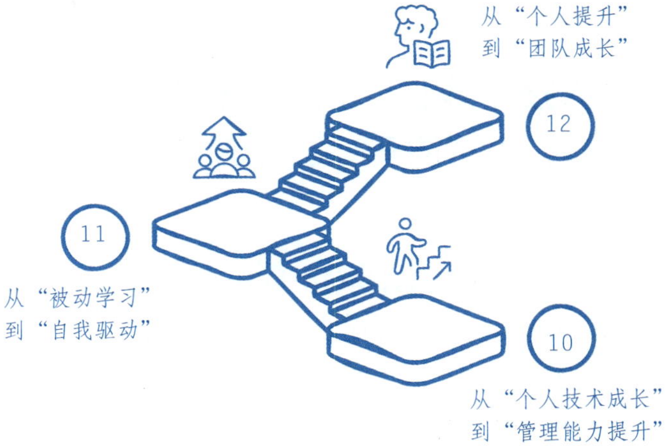
从“个人提升”
到“团队成长”
12
11
从“被动学习”
到“自我驱动”
10
从“个人技术成长”
到“管理能力提升”

第一节
从“个人技术成长”到“管理能力提升”
——从“我很能干”到“我能带人干”

当你从专业骨干走上管理岗位，是否经历过这些矛盾时刻：技术层面你依旧是专家，但在团队沟通中却常常力不从心；每天都在做自己擅长的事，却忽略了团队的问题和成员成长；晋升之后，你的焦虑感增加了，因为你不知道“如何成为一个真正的管理者”。

这是因为，技术优势让你脱颖而出，但管理能力才决定你能走多远。

如同彼得·德鲁克在《卓有成效的管理者》中所说，做对事情的人，是专家；让别人都做对事情的人，才是管理者。

管理晋升 ≠ 技术叠加

这是很多新晋管理者上任初期最常见的“隐性陷阱”——以为管理只是“让技术更进一步”。其实，管理能力是一个全新的能力系统。

我们曾辅导过一家制造企业的工程主管杨成。他是公司里的技术专家，但升任主管后，他还是亲自抓设计，亲自调试机器。团队逐渐依赖他，不敢也不愿接手重要任务。

结果，他成了团队的“性能瓶颈”，别人不动他不动。他每天加班，但团队成长停滞。公司新项目落地缓慢，甚至流失了两位骨干员工。

真相是：从技术骨干到管理者，需要放弃“我做得最好”的心理舒适区，转向“我能让他们做得更好”的能力挑战区。

这正是彼得原理的典型体现：员工因在某一岗位表现优秀而晋升，最终升至自己不胜任的职位。

从“能力成长”到“胜任力模型”

哈佛商学院教授Linda Hill（琳达·希尔）在*Becoming a Manager*（《成为管理者》）中提到，管理者的成长，不在于控制他人，而在于重新定义“自我价值”。管理者的成长，不再是技术深度，而是能力宽度。

管理者的价值体现在三个维度：业务推动能力（目标管理、绩效达成、问题解决），人员发展能力（辅导下属、激发潜能、营造氛围），组织协同能力（跨部门沟通、资源整合、战略承接）。

所以，从“技术成长”到“管理能力提升”，不是升级，而是换轨。

对应的转型路径见表4-1。

表4-1　技术骨干路径与管理者路径

技术骨干路径	管理者路径
精通某项专业技能	建构跨领域通识与逻辑
个人贡献最大化	团队绩效最大化
深入解决具体问题	构建解决问题的机制
技术影响力	人际影响力

工具推荐：管理能力构成图（Management Capability Map）。

你可以将管理能力分为三个圈层：

内圈：自我管理（情绪、时间、角色）；

中圈：团队管理（沟通、激励、冲突解决、反馈）；

外圈：组织协作（协同、系统思维、战略理解）。

每一个圈层都是技术人思维难以触及的“新大陆”。

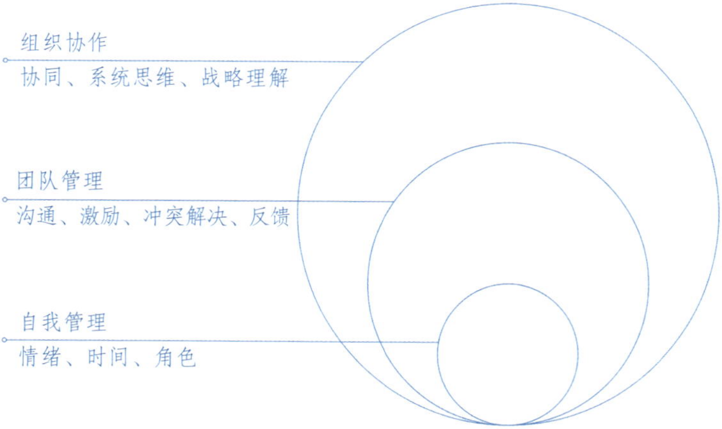

构建“能力成长地图”

从哪里开始？怎么规划管理能力的成长路径？在转型初期，最怕的是“盲目阅读”“胡乱学习”“没有方向”。

方法一：绘制“能力雷达图”，识别你的短板和强项

列出典型管理能力，如麦肯锡“领导力8大能力”或者企业自建的能力模型。

自评或让上级、同事评估。

找出2个最薄弱但关键的短板，作为优先成长方向。

方法二：设立90天管理成长计划

阶段一（0~30天）：了解现有业务逻辑，掌握团队运作机制，识别人员状态。

阶段二（31~60天）：练习授权、反馈、沟通，主持高效会议，推动1个小项目。

阶段三（61~90天）：构建制度、流程，提升跨部门影响力，辅导1位骨干成长。

方法三：引入“成长教练”或AI导师陪练

每周设定一个关键技能训练点。结合现实挑战，进行“模拟场景演练+反馈回顾”。固定输出学习笔记、行动计划和反思。

转型路上，不是学多少，而是“反复练少数关键能力，直到形成肌肉反应”。

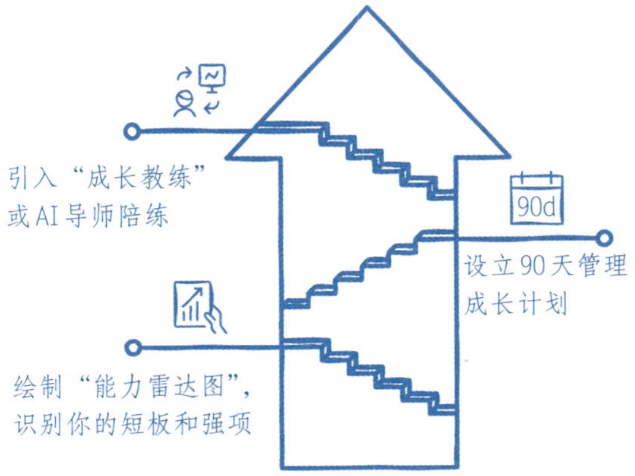

案例剖析：从技术王牌到管理教练

沈媛媛原是公司里最受尊敬的系统架构师。她写代码的速度和准确性几乎无人能及。但她升任项目总监后，却遭遇了一次“人设崩塌”：部门项目延期率高达40%，大家迟迟不动手。她对项目进度焦虑至极，每天催进度，自己补代码。她甚至质疑：“是不是我不适合做管理者？”

直到有一次，HR组织她做了一次“管理能力胜任力评估”，她才意识到，她的“目标设定”与“下属激励”能力评分极低；她几乎从未进行系统性团队能力盘点与分工；她没有明确的项目计划与复盘机制。

在导师引导下，她开始建立任务分解机制，引入项目看板与每日站会；将自己从“编码者”变成“问问题的人”；每周用AI导师陪练进行沟通演练，练习“结构化反馈”“辅导下属”等技巧。

半年后，团队项目交付准时率升至85%，她也被提名为“年度管理者之星”。

案例启示：从能干的人，变成能带人干的人，是每一个管理者的重塑之路。

AI 导师陪练：管理能力进阶模拟

★ 场景模拟 1

AI 系统会呈现一位下属“执行拖延 + 沟通冷漠”的情境。你的任务是完成以下操作：

建立目标→明确计划→给出反馈→激发行动力

系统将评价你的沟通结构、反馈技巧与引导水平。

★ 场景模拟2

AI导师扮演“新晋经理的教练”，与你共同走过“90天管理成长计划”，并给予评分建议。

★ 场景模拟3

AI导师引导你绘制“能力雷达图”，识别短板，推荐精读书目与练习任务。

★ 陪练目标

1. 强化“角色意识”，管理者不再是自己干，而是能放大团队价值。

2. 提升“能力认知”，找到成长短板，明确方向。

3. 建立“练习机制”，训练、反思、反馈，形成能力肌肉。

AI陪练：发展路径设计

智能体二维码

总结

你完成了从“技术成长”到“管理能力提升”的关键认知跃变：

破除误区：技术强 ≠ 管理好，管理是另一个职业赛道。

搭建结构：从自我管理到组织协作，建立管理胜任力框架。

制定路径：借助工具、教练、AI导师，规划90天管理成长计划。

管理不是职位的提升，而是能力的重构；不是“更擅长做事”，而是“更善于让别人做成事”。

第二节 从“被动学习”到“自我驱动”——从“要我学”到“我要学”的认知飞跃

走上管理岗位后，很多人会发现：公司培训的内容总是“不解渴”，无法解决真实难题；忙碌中想学点东西，却总想着“先忙完手头的事情再说”，结果一直搁置；自己有很多成长的盲区，但不知道从哪里开始、如何系统提升。

这正是被动学习的典型表现：学什么、怎么学、学得好不好，都由“外部环境”决定。

然而，在组织中，那些最受器重的管理者，往往都有一个共同点：他们不是被要求成长，而是主动追寻成长。

正如美国著名领导力教练马歇尔·戈德史密斯所说，成功的管理者从不等待培训，他们会自己主动创造学习场域。

误区一：“公司不培训我，我怎么成长？”

“这次管理出问题，不是我能力的问题，公司没给我培训过怎么开会、怎么授权。”这样的反馈，我们在很多辅导项目中听过太多遍。

但现实是，组织资源是有限的，培训只是引导和启发。你的成长不能被动托付给组织安排，因为成长成本最终由你自己承担。

因此，成长的责任主体，要从“组织”转向“自己”。学习型领导力理论指出，真正高潜力的管理者，不是能力最强的人，而是“对学习拥有高敏感度与高适应性”的人。

工具：自我成长责任矩阵。初级员工的成长由组织主导，新晋管理者自我主导，而成熟管理者自驱探索。

如果你还在等待培训机会，那你就还停留在“职员思维”中。

误区二：“我太忙了，没时间学习”

时间从来不是学习的障碍，真正的障碍是你没有把成长设为优先级。

某家高科技企业的新晋部门主管陈源，虽然每天疲于应付会议与邮件，但他仍然坚持每天清晨 20 分钟读书或听播客，每周 1 小时深度复盘团队问题，每月邀请一位跨部门前辈共进午餐，交流管理经验。他在一年后被选入高潜人才梯队，并带领团队实现产品交付率翻倍。

成长从来不是“有空才学”，而是在忙中找“空”，在碎片中找“整”。

工具推荐：成长节奏表（Learning Rhythm Canvas）

你可以用表4–2中的结构设计自己的成长节奏表。

表4–2 成长节奏表示例

频率	内容	时间段	承诺对象
每天	阅读10页书或听微课1节	早起或通勤	自己、家人
每周	反思管理难题1个	每周五中午	团队、上级
每月	参加主题共学	每月最后一个周末	外部学习圈
每季度	结构性能力盘点	每个季度评估周	AI导师、教练

加分项：把学习变成“仪式”，固定时间、固定方式、固定输出。

误区三：“我不知道该学什么，也没人指导我”

“我觉得自己什么都差点儿，但又不知道从哪里下手。”管理者的成长，不能依赖“看到什么学什么”，而要基于问题驱动型学习路径。

方法一：问题清单法

每次遇到难题时记录下来，定期回顾并分类。例如：

团队管理类：授权、反馈、激励。

任务推进类：目标设定、进度管理。

自我管理类：时间焦虑、情绪波动。

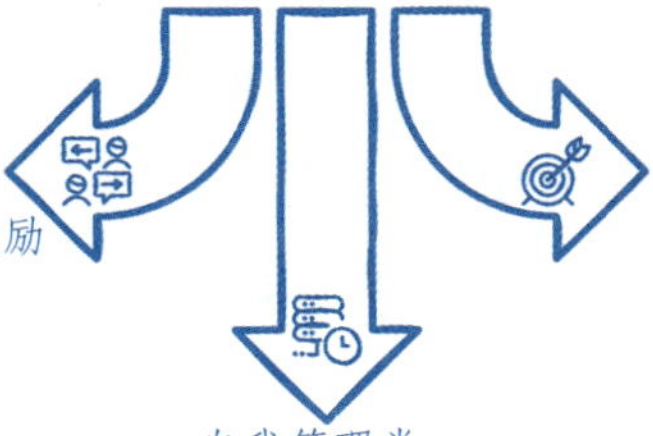

方法二：AI 导师辅导学习地图

在我们辅导的一个新晋管理者计划中，AI导师会根据学员的能力画像，生成个性化学习路径。例如：

当前问题：团队沟通障碍。

推荐内容：非暴力沟通，管理沟通结构。

推荐任务：模拟演练3轮或每日1次反馈练习。

越是有目标、有反馈、有输出的学习路径，越能突破“碎片学习陷阱”。

管理案例：从等待培训到创造学习机会

周一凡晋升为销售主管后，发现团队情绪低落、目标达成率低。他曾多次向上级申请培训资源未果，便开始自己制订学习计划：他每天晨跑时听“管理者的成长课”，写下3点反思；他将团队遇到的问题分类，整理成“挑战笔记”，对症找书学习；他尝试用AI管理导师陪练进行团队反馈训练，每周复盘语气和结构；他建立了一个“管理者共学小组”，每月交流各自在团队带人过程中的得失。

6个月后，他带领团队连续超额完成业绩，晋升为区域总监。公司专门请他来给新人经理做一场内部分享，题目就是——“成为你自己最好的成长教练”。

案例启示：最好的学习资源不是书本、不是培训，而是你自己愿意开始的那一步。

AI 导师陪练：“学习成长路径”生成器

★ 模拟场景1

AI导师与你共创“问题清单—学习主题—实践任务”成长路径，并提供优先级排序与进阶建议。

★ 模拟场景2

与AI导师共同模拟“成长困境对话”：“我太忙了，没时间学习。”AI协助你重新设计节奏与任务分配，生成“微习惯成长方案”。

★ 模拟场景3

AI协助你制定“成长责任契约”：

本月学习主题是什么？

学什么？怎么学？如何反馈与反思？

你需要谁来陪你走这一段路？

★ AI陪练目标

1. 让学习更结构化，有问题清单、有输出任务。

2. 让节奏更可控，有微任务、可完成、可复盘。

3. 让成长更可持续，持续90天打造主动学习心智。

AI陪练：学习规划模拟

智能体二维码

总结

“管理者学习力 = 组织发展力”。成长不是任务，而是习惯；不是“等公司给”，而是“自己要”。

你完成了从“被动学习”到“自我驱动”的认知升级：

从等待资源到主动制订学习计划。

从缺乏时间到构建成长节奏。

从内容繁杂到问题驱动学习路径。

不学习的管理者，只会越来越像过去的自己；主动成长的管理者，才有未来可期。

第三节
从“个人提升”到“团队成长”
—— 一个人的优秀，不如一群人的卓越

走上管理岗位的你，是否经历过这样的阶段：你在拼命学习管理，团队却依然“低水平运转”；你越强，团队成员越依赖你，甚至养成“伸手文化”；你一个人跑得飞快，却发现没人能跟上你的节奏……这时你会突然意识到：如果成长只是你一个人的事，那你就还不是真正的管理者。

正如《第五项修炼》作者彼得·圣吉所言，组织学习力的核心，不在于高管的水平，而在于整个团队的成长能力。

优秀的管理者，不仅要不断提升自我，还要激发团队的成长潜力。

误区一：“我强就能带好团队”

许多新晋管理者上任后，会进入“自我强大”模式：读书、找导师、上教练课……遇到问题时第一反应是“我来搞定”，而不是“谁能搞定”。

但问题在于，你越能干，团队越不动；你越提升自己，团队越依赖你。最终，你成为“超级个人贡献者”，而非真正的团队领导者。

个人能力越强不等于团队能力越强。管理者的第一职责，

是激发团队潜能，而不是替他们完成工作。

方法：从“自己成长”走向“共建成长机制”

工具：成长传递模型3M框架，见表4-3。

表4-3 成长传递模型3M框架

阶段	管理者角色	成果描述
Me（我）	自我提升者	自我认知、技能成长、学习节奏
Mentor（我+1）	教练、赋能者	传授经验、提供反馈、赋能团队
Mechanism（我+我们）	系统搭建者	建立机制、营造氛围、持续成长

提升建议：

1. 每学会一个新方法，找机会在团队会议中教一次。
2. 每解决一个问题，写成复盘记录在团队知识墙展示。

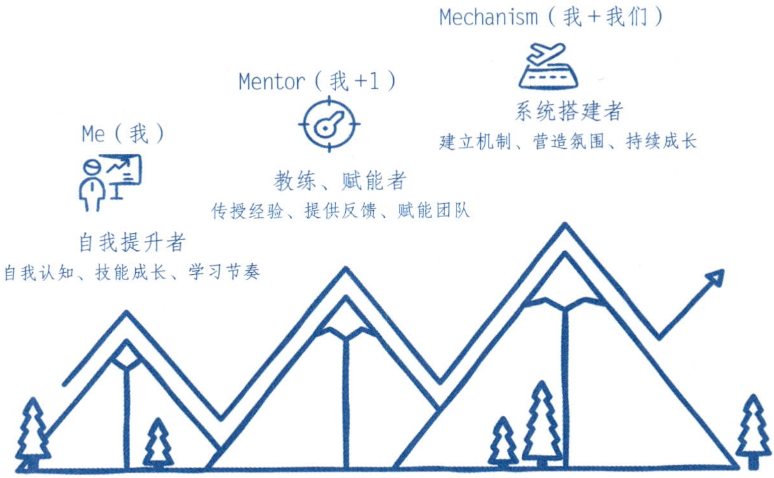

3. 每个月开一场“内部共学会”，分享你最近的学习收获和实践心得。

成长的价值，在于传播，而非独享。

误区二：“他们学不学是他们的事”

你做了学习计划，却无人响应；你推荐了课程链接，却没人点击；你提议读书共学，却被回应“没时间”。别急着抱怨，要反问自己：我有没有创造“团队成长氛围”？

心理安全感模型指出，团队是否愿意参与学习，首先取决于是否感受到“成长是被鼓励、被支持、被允许的”。

方法：打造“团队成长文化三件套”

1. 允许提问，允许不懂，允许试错。

明确告诉大家，在团队里“不会”是允许的，只要愿意学；鼓励“我不知道”的表达，而不是“假装会”或“沉默”。

2. 构建结构化学习机制。

周例会设“成长 3 分钟”板块，每人轮流分享一个经验、教训、新知识；每月 1 次“失败复盘”，讨论的内容不是“谁错了”，而是“我们从中学到了什么”。

3. 用仪式强化文化。

每次共学活动都有输出（笔记、图表、复盘记录），每次技能提升都要庆祝（团队表扬、学习勋章、简短仪式）。

成长，不是靠“苦口婆心”，而是靠“机制 + 氛围 + 参与感”。

误区三："成长靠热情，维持不了多久"

你是否也尝试组织了几次分享、共读书目或项目复盘会？结果呢？第一次人齐了，第二次人少了，第三次干脆取消了。大家说忙，要加班，学习逐渐被边缘化……

学习文化不是组织一两次活动，而是长期嵌入日常工作的系统工程。

工具："PDL 团队成长闭环"，见表4-4。

表4-4　PDL团队成长闭环

阶段	行动指引
P（Plan，规划）	每月初共定成长目标：学习什么？为什么？
D（Do，实践）	项目中实践新知识，团队打卡反馈
L（Learn，学习沉淀）	月底复盘，知识萃取，共享输出

建议使用飞书文档、企业微信工作台或Notion建立"团队成长中心页"，并按固定节奏迭代。

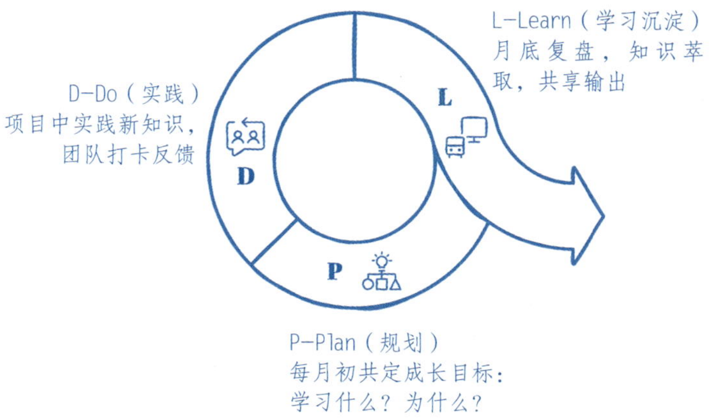

成熟的团队，不是“做完再总结”，而是“边做边成长”。

管理案例：让成长成为一种集体信仰

何珊在升任技术主管后，陷入“独自学习，团队冷淡”的窘境。后来她逐步调整，把每周学到的新工具技巧画成图给团队分享；建立“成长群”，团队每人每月选一个主题分享；制作“成长积分墙”，可兑换书籍、勋章、培训基金；鼓励大家申请外部讲座、竞赛，回来后内部复盘交流……

半年后，她所在的团队成为公司内技术成长氛围最好的团队。她也因为带团队能力突出，被调任到更大的产品中心，主导整个中层培养项目。

启示：一个真正的领导者，不只让自己优秀，更让优秀成为团队常态。

AI 导师陪练：“团队成长系统”共创器

★ 模拟场景 1

AI 导师与你共建“团队学习地图”，结合团队岗位能力模型，生成每月学习重点，推荐共学任务。

★ 模拟场景 2

AI 导师模拟“激发学习意愿对话”，帮你如何在例会中激发团队成员学习动机、分配学习任务、降低团队成员抵触情绪。

★ 模拟场景3

AI导师协助设计“学习积分系统”，输入你希望鼓励的行为，AI导师帮你构建“积分规则＋兑换机制＋成长可视化”。

★ AI陪练目标

1. 让“团队成长”变得有制度、有氛围、有反馈。
2. 从“讲成长”转向“共成长”，让学习融入团队基因。

AI陪练：教练式激励对话
智能体二维码

总结

管理者的终极使命，是带动整个团队一起成长。你完成了从“个人提升”到“团队成长”的跃变：

从“我会了”到“我教大家”，学会分享、传递，共建机制。

从“他们愿不愿学”到“我来营造氛围”，注重文化、反馈和仪式感。

从“学了一次”到“系统成长”，注意节奏，做好记录和闭环复盘。

真正的领导力，不是你走多远，而是你能带领多少人一起走得更远。

CHAPTER 5

跃变

12 周重塑之旅

“道虽迩，不行不至；事虽小，不为不成。”

——《荀子·修身》

AI 导师来信

亲爱的学员：

现在，你已经走过了12个关键转变，每一步都意味着一次思维与行为的跃变。

但你是否仍在思考：

“理论我都懂，可在实际场景中怎么落地？”

“面对复杂人事关系、模糊项目目标、上下夹击时，我该怎么调整？”

“我也想改变，但为什么有些转变很吃力？”

这一章，我们不讲概念，只讲真实发生的成长故事。

你将看到一位位新晋管理者在12周内的转变记录。他们有迷茫、有碰壁、有顿悟，最终实现了自己的角色升级与团队突破。他们用行动告诉你：没有天生的管理者，只有愿意学习和改变的人。

你会看到他们如何从“忙乱应对”走向“节奏掌控”；从“独自扛责任”到“激活团队合力”；从“任务思维”切换到“发展思维”。

每一周的案例后，都有AI陪练模拟片段与关键反思，帮助你照见自己，打磨行动。

请记住：

“最真实的学习，不在书中、不在课堂上，而在每一次真实挑战的反馈中。”

这一章，不是知识的讲述，而是行动的见证。

欢迎你用心阅读，用脚步践行。

愿你在别人的故事里，看到自己的影子，也找到前行的力量。

AI管理导师景行

第一周

不再亲力亲为，而是点燃他人潜能

“我只是在座位上坐了一夜，没意识到天已经亮了。”林涛望着窗外的晨曦，感受到一种从未有过的疲惫。他刚从一线开发工程师晋升为小组长，这本该是值得庆祝的时刻，却变成了压力的开始。

林涛在技术上无人能敌，是团队里出了名的“Bug终结者”。但晋升后，他发现事情变得不一样了：团队成员遇到问题总是来找他，他自己要写的代码反而没时间动手。更糟的是，团队的进度并未因为他的努力而加快，反而出现了瓶颈。

在一次项目冲刺中，一位新人迟迟交不出模块，林涛干脆亲自动手重写。他心想：“这活儿太急了，我来干才保险。”但类似的情况多了之后，其他成员渐渐变得依赖，工作态度也越发被动。“涛哥最厉害，反正最后都是他收尾。”

这句话让林涛瞬间警醒。他意识到，自己陷入了“英雄管理”的陷阱。

管理金句

“真正的领导不是亲力亲为，而是让别人发挥作用。”

——彼得 · 德鲁克

林涛抱着试一试的态度，打开AI导师陪练助手。

AI 导师陪练摘录

林涛：我担心交给小王做，他做不好，进度又要延误。

AI 导师：你的角色是执行者还是赋能者？哪怕慢一点，但能让小王提升，是不是更长远？

林涛：我知道该授权，但总是忍不住插手。

AI 导师：列一张“非你不可”清单，划清界限，每天只亲自处理真正必要的3件事。

林涛照做了。他第一次把一个重要但非核心的需求交给小王，并安排了“提问式支持”：

“小王，这个功能你先出初稿，我们明天10点一起检视。有不确定的地方，你可以列出方案来一起讨论。”

小王不仅完成了任务，还提出了一个他未曾想到的优化建议。

一周行动反思：从“自己做”到“培养人”

这周，林涛练习了三个关键动作：

1. 非我不可任务清单。他从20个事项中筛选，“必须自己做”的仅有5个。

2. 每日授权训练。他尝试每天把1~2项任务交给团队成员。

3. 提问式指导。对每一个来咨询的同事，他先问“你的看法是什么”。

他惊喜地发现，过去需要自己干预的需求，现在团队开始主动分担。他的时间终于不再被“修Bug”“写文档”填满，他开始关注每个成员的能力成长。

AI 导师陪练摘录

AI导师： 你觉得这一周你最大的转变是什么？

林涛： 我开始相信，一个人做得好，不如一群人做得稳。

AI导师： 那你下周准备做什么不同的事？

林涛： 我要正式跟团队说，我的角色是带你们成长，而不是做你们的手。

林涛周记节选

“以前我觉得管理是累赘，现在我懂了，只有当我放下‘最强执行者’的光环，才能真正承担‘团队赋能者’的职责。管理，不是我一个人冲锋，而是让团队形成战斗力。”

第二周

管理者不是更忙的人，而是时间分配的设计师

林涛晋升的第二周，日程排得比过去任何时候都满。他早上8点到公司，一坐下就要处理会议、审批、同事请教、客户催进度、老板要周报等事务。到了晚上7点，他才开始安静地处理自己的核心工作。

“我的一天，到底去哪儿了？”他苦笑着看着5个还没开始的待办事项记录。

从个人贡献者时期的“自己管好自己”，到管理者角色的

“协调团队与组织之间的节奏”，林涛正面临一个隐形却致命的挑战——不会分配时间，就无法有效管理团队。

管理金句

时间管理的关键，不在于安排日程，而在于管理你的优先级。

——斯蒂芬·科维

时间焦虑的真相——你不是忙，而是乱

林涛尝试用加班压缩时间，却陷入疲惫循环。他以为把所有事都“挤一挤”就能解决，但现实却是：

会议毫无节制，占用很长时间；

同事来请教时无法拒绝，只能“随叫随到”；

自己的战略思考和流程优化工作被不断推迟。

林涛的忙碌，让他陷入一种“假工作”的陷阱——忙得很有成就感，结果却越来越看不清方向。

关键洞察：他意识到，自己不是缺时间，而是缺“时间使用的策略”。

转变起点：AI 导师提出“时间主权”概念。

AI 导师陪练摘录

AI 导师：你有没有记录过自己每天的时间都去哪了？

林涛：没有……但感觉每件事都很紧急，都不能耽误。

AI 导师：试试看“时间轨迹分析法”，写下今天做的所

有事，并用“重要—紧急矩阵”标注。

林涛尝试了导师提供的工具。他发现，超过60%的时间花在了“紧急但不重要”的任务上；真正“重要但不紧急”的管理动作——团队培养、流程优化、绩效回顾，几乎为零。

这张矩阵图像一面镜子，让林涛第一次看清自己陷入的“事务主义陷阱”。

工具讲解：四象限法（见表5-1）。

表5-1　四象限法示例

	重要	不重要
紧急	危机、催件、会议	电话、干扰、琐事
不紧急	规划、学习、关系建设	娱乐、刷手机

管理者应该尽可能将时间聚焦在“重要但不紧急”的事务上，建立长期价值。

设计时间，而不是被时间牵着走

林涛尝试关闭微信弹窗，屏蔽干扰，但收效甚微。他发现根源并不是“别人打扰”，而是没有对时间设置边界和结构。

三步法：建立时间设计系统

1. 设置每日时间区块（Time Block）。

将一天分为“沟通时间”“决策时间”“思考时间”“写作时间”“回顾时间”，用日历记录和规划时间。例如，每天上午10:00—11:30为“深度工作时间”，不安排任何会议。

2. 设置“批量处理”时间。

相似事务统一处理，提高认知效率。例如，将处理邮件的时间设定在上午9:30和下午4:00各半小时，而非全天分散查看。

3. 使用“每周回顾机制”。

每周五下午安排30分钟复盘本周时间分配，并计划下周关键优先事项。

复盘内容包括：时间投入与产出是否匹配，哪些是低价值占用，是否保留了战略思考时间。

AI 导师陪练摘录

AI 导师建议：试试建立团队共享日历，“透明化”你的高效时段，让成员知道你专注的时间，避免随意打断。

从“事务执行者”到“节奏管理者”

林涛终于明白，他要管理的不是具体事务，而是团队的时间节奏和资源协作节奏。为此，他做出三个改变：

一是将周会从“临时拉人”变为“固定节奏”，每周一上午开会，统一目标、优先级，减少后续重复沟通；二是为每个成员设置“重点工作窗口”，如上午是小王写代码的时间，不允许打断他；三是取消不必要的会议，用“异步更新”代替，小需求、小沟通在飞书更新，不再召集“3人10分钟小会”。

林涛惊讶地发现，团队整体的效率提高了，而自己竟然能在周四下午有时间写代码，做流程优化。

AI 导师陪练摘录

AI导师： 你现在怎么看“时间不够用”这个问题？

林涛： 其实不是时间不够用，而是我不会给时间“排座次”。

AI导师： 你觉得最重要的转变是什么？

林涛： 我不再是时间的奴隶，而是成为节奏的设计师。

第二周行动总结见表5–2。

表5–2　行动总结

转变维度	表现	管理者行动
时间认知	从“事务堆积”到“优先级清晰”	学会使用四象限法辨识低价值时间
时间分配方式	从“被占用”到“主动设计结构”	实施“时间区块+批量处理”机制
团队时间协作	从“随时打断”到“统一节奏”	优化会议机制，推行共享节奏与异步协作

林涛周记节选

“我以为自己是‘最忙的管理者’，其实我是‘最乱的管理者’。时间是组织的血液，而我就是控制节奏的“心脏”。只有我能让自己的节奏合理，团队才能真正动起来。”

第三周

掌控情绪，不被情绪掌控

第三周，林涛的压力达到了一个临界点。

一天下午3点，他被老板临时要求改一个方案，前脚刚挂断电话，后脚客户来电抱怨产品迟迟未上线。更糟糕的是，他的下属小王拿来一个设计文档，内容完全跑题。林涛情绪一上来，几乎是吼着说：“这就是你说的‘已经准备好了’？你到底有没有花心思？”

空气瞬间冻结，小王脸涨得通红，低头离开。十分钟后，林涛坐在空办公室里，头皮发麻。他意识到，自己并不是没有处理好管理问题，而是情绪炸了，而且炸在了错误的地方。

管理金句

“情绪智力，比智商更能决定一个管理者的成就。”

——丹尼尔 · 戈尔曼

为什么情绪成了隐形敌人?

高压状态下，林涛容易因小事爆发。对下属的失误反应激烈，伤了士气；他被老板催进度时默不作声，心中却极度压抑；私下焦虑、失眠，甚至怀疑自己是否适合当管理者。

“我不是不想冷静，我是根本来不及反应。”林涛这样描述自己的情绪。

核心问题是：他没有建立“情绪缓冲区”，导致外部刺激直接引爆情绪。

转变起点：AI 导师的“情绪温度计”练习。

AI 导师陪练摘录

AI 导师：你今天哪一刻最不舒服？

林涛：吼下属的那一刻。

AI 导师：你那时的情绪是愤怒、焦虑，还是失望？

林涛：都有吧。只是我没意识到。

AI 导师：试试记录你每天的“情绪高温区”，标出诱因、感受和反应。

林涛开始练习“情绪觉察日志”，每天记录一次情绪波动，标注来源、身体反应和行为结果。他逐渐看清：

他对“控制感丧失”特别敏感。

他容易在“被否定”“任务积压”时产生焦虑和愤怒。

他通常在发火后后悔，事后沟通成本更高。

工具讲解：情绪温度计（Emotional Thermometer），见表 5–3。

表 5–3　情绪温度计

情绪温度	情绪类别	表现
80℃	愤怒、爆发	语言激烈、责怪他人、打断他人
60℃	焦虑、急躁	快速说话、坐立不安、控制欲强

续表

情绪温度	情绪类别	表现
40℃	不安、压抑	回避交流、失眠、效率降低
20℃	平稳、自省	逻辑清晰、回应积极、沟通顺畅

通过标注“温度”，林涛学会了提前识别情绪上升的临界点，并设法“冷却”情绪。

从情绪反射到情绪设计

林涛发现，不是别人“惹他”，而是他没有学会情绪的“二次加工”。

维克多·弗兰克尔说：“刺激与反应之间，有一个空隙。在那个空隙中，是我们选择回应的自由和成长。”

工具推荐：情绪管理三步法（觉察 — 解构—转化）。

1. 觉察：通过“ABC 情绪重塑法”解析反应来源。

A（Activating Event）诱因：下属汇报混乱。

B（Belief）信念：我觉得这代表他不重视工作。

C（Consequence）结果：我愤怒、发火。

2. 解构：用逻辑分离“事实”与“情绪解读”。

事实：文档不符合预期。

情绪解读：“他不尊重我”——这是未经验证的推断。

3. 转化：用“情绪转向语言”表达需求。

“我对这个文档不太满意，希望下次你提前和我对一下核心结构。”

通过与AI导师的反复模拟演练，林涛逐渐可以在“想发火”时忍住5秒，选择更有建设性的表达方式。

建立“情绪文化”，让团队从你身上学会稳重

林涛反思，情绪管理不只是自我修炼，更是管理者对团队气氛负责。“我控制不好情绪，伤害的不只是人际关系，还有团队的安全感。”

他开始刻意打造团队的“情绪缓冲机制”：

1. 设立“情绪绿区”。

2. 周会前10分钟分享一个正向事件或感谢他人，营造积极的氛围。

3. 定期组织“团队情绪健康日”活动，比如午餐共读、微瑜伽。

4. 鼓励“情绪反馈”文化。

5. 明确告诉团队成员：“如果我的情绪化表达让你不舒服，请及时告诉我。”

6. 建立匿名表单，让成员反馈情绪困扰或对管理方式的改进建议。

7. 作为“情绪榜样”练习复盘道歉。

林涛开始练习在自己情绪不稳时说：“对不起，刚才我的反应有点过激，我们重新沟通一下。”团队氛围悄然发生变化，更多成员愿意开放讨论问题，而不是回避冲突。

AI导师陪练摘录

AI导师： 你现在如何看待发火这件事？

林涛： 不是我失控了，而是我没有建立缓冲机制。

AI导师： 你能说出情绪爆发前的3个预兆吗？

林涛： 呼吸急促、肩膀紧绷、语速变快。

AI导师： 下次试试“五秒法则”。识别这些信号后，默数五秒，再决定怎么回应。

第三周行动总结见表5-4。

表5-4 行动总结

转变维度	表现	管理者行动
情绪认知	从“事后懊悔”到“事前觉察”	使用情绪温度计，每天记录情绪波动与诱因
情绪表达方式	从“情绪宣泄”到“理性表达”	应用ABC情绪重塑法，练习情绪转化语言
团队影响力	从“个人情绪溢出”到“情绪文化引领”	建立正向反馈机制，鼓励情绪复盘与心理安全交流

林涛周记节选

“情绪就像天气，它不以我的意志改变。但我可以学会带伞、备衣、调整出行节奏。情绪不是敌人，而是提醒我调整节奏的信号。”

第四周
学会设定目标，才能真正走上管理之路

第四周伊始，林涛接到一个部门重要任务：三周内交付新版本上线方案。他立刻行动，分工、推动、跟进，团队日夜奋战。

三周后，他带着“接近完成”的方案去向老板汇报，却被泼了一盆冷水。

老板说：“我想要的是推动用户增长的整体方案，而不是执行清单。”

林涛哑口无言。他以为自己已经把任务执行得很完美，结果却根本没对准目标。这一刻，他第一次意识到：一个管理者，不能只会“做事”，更要先问清楚“做什么、为了什么”。

从“被动接单”到“主动设标”

常见误区：新晋管理者容易将“完成任务”当作衡量标准，不敢追问“为什么做这个”，担心越权；将上级的任务指令当成最终目标，不思考更深层的意义；沉迷执行细节，忽略方向偏差。

George Doran 在《目标管理》一书中指出：“如果不知道你要驶向哪个港口，那么任何风都不会是顺风。”

后来，林涛开始在 AI 导师的建议下，每次在任务推进前问自己三个问题：

这件事的真正目标是什么？

达成这个目标的衡量标准有哪些?

我的团队是否理解并认同这个目标?

AI 导师陪练摘录

AI导师: 你设定的目标,是结果导向,还是过程导向?

林涛: 以前我以为结果就是把任务做完,现在我知道结果是实现业务价值。

工具讲解: OKR。

OKR ≠ To-Do List,OKR的应用示范见表5-5。

表5-5 OKR应用示范

项目	错误示范	正确示范
Objective(目标)	完成App新功能开发	提升新用户7日留存率至40%以上
Key Result(关键结果)1	实现3个模块上线	在上线3个模块的同时,通过新功能带来25%的新用户活跃增长
Key Result(关键结果)2	修复10个关键Bug	用户反馈Bug率下降30%

林涛意识到,“完成任务”只是过程,而“设定目标”才是方向。没有目标牵引的执行,是在用力偏离航向。

如何构建“目标文化”

团队习惯了等指令,不具备主动设标能力;成员汇报“我完成了任务”,却说不出结果是否达成;任务推进机械,团队成员不知轻重缓急；团队成员分工明确，但方向不一致，结果南辕北辙。

以上问题的解决策略是构建“目标对齐—目标分解—目标复盘”三步闭环。

1. 目标对齐：用黄金三问开启团队共识。

为什么做？（目的是什么）

做成什么样？（衡量标准）

如果偏离怎么办？（调整策略）

2. 目标分解：从O拆解到KR，再到具体任务分配。

采用“倒金字塔法”思考，从最终业务结果倒推关键结果和关键行动。

例如，

目标：提升客户满意度至90%；

关键结果：响应时间压缩至30分钟内、投诉率下降50%；

分工：客服A优化知识库，客服B调整响应流程。

3. 目标复盘：设置每周OKR回顾机制。

成员轮流回答三个问题：

这周我们的目标进展如何？

哪些KR达成了？为什么？

哪些遇阻了？如何调整？

林涛的“目标设计”演练

某天早上，林涛让团队成员开例会时不要再说“我完成了任务”，而改为说任务推进了多少；某指标可能跑偏，建议改为某方向。

刚开始团队不太适应，有人说："这样是不是太形式主义？"

林涛解释："这不是流程，而是为了让我们从忙碌中跳出来，看清我们究竟在走向哪里。"

几周后，团队的效率和产出方向明显改善，老板也频频肯定："你们的行动现在越来越有业务思维了。"

AI 导师陪练摘录

AI 导师： 下属跟你说"任务完成了"，你怎么引导他看目标？

林涛： 我现在会问他觉得这项任务对我们达成目标的贡献有多大。

AI 导师： 他答不上来怎么办？

林涛： 我会和他一起回看最初设定的KR，帮他找到关联。

AI 导师： 你觉得他学会了吗？

林涛： 还需要引导，但比过去更懂得思考"为什么做"。

第四周行动总结见表5-6。

表5-6　行动总结

维度	完成任务阶段	设定目标阶段
思维模式	接受任务、分工推进	明确目标、衡量标准、路径共创
工具使用	待办清单（To-Do-List）	OKR、周会回顾机制
团队表现	各自完成任务，但方向不一致	目标对齐、分工清晰、KR可复盘
管理能力	督促任务完成者	成为目标设定者、协同引导者

林涛周记节选

“做管理不是每天检查任务清单，而是每天反复问自己和团队：‘我们今天是不是在向正确的目标迈进？’”

“如果方向错了，努力就白费；目标不明，就是走在看不见尽头的黑夜里。管理者的本质，或许就是成为‘点灯的人’。”

第五周
从“我决定”到“我们一起定”，才能走得远、走得稳

第五周的周一，林涛带领团队进入新项目的立项阶段。他快速确定了几个关键任务分工和进度节点，并在会议中一锤定音。

但三天后他惊讶地发现：有人对排期意见很大却没当面说，只在私下抱怨；有人按部就班推进，却明显提不起精神；还有成员对目标理解有误，做了偏离方向的工作。

“我明明都讲得很清楚了，为什么还推不动？”林涛满腹困惑。

他的 AI 导师抛出了一个核心观点：“你以为团队需要一个‘决策者’，但他们真正需要的，是一个‘共识推动者’。”

从“快速拍板”到“共识引导”

常见误区：新晋管理者认为决策效率第一，便自己拍板决策。他们常担心大家意见太多，开会会变“茶话会”，认为“多讨论浪费时间”，不如直接执行，把会议当作“通报”，而不是“共创”。

但他们忽略了一点：没有参与，就没有真正的执行力。

管理大师帕特里克·兰西奥尼说：“不愿有冲突的团队，就无法获得真正的共识。没有共识的决策，最终也不会有执行。”

思维转变：高效决策 ≠ 独裁决策

林涛在一次AI导师陪练中得到启发。

AI 导师陪练摘录

AI导师：团队成员有没有机会表达意见？

林涛：他们没有太多时间，我怕会跑题。

AI导师：你节省了讨论时间，却浪费了后期推进的时间。值得吗？

林涛：确实，他们不认同的事，推进起来都很费力。

工具讲解：共识决策四步法（见表5–7）。

表5–7 共识决策四步法

阶段	行动方式	实操建议
问题澄清	明确讨论范围、问题定义	使用黄金圈（Why–What–How）开场

续表

阶段	行动方式	实操建议
观点收集	邀请每位成员陈述观点	使用“轮述法”，每人 1~2 分钟自由陈述，无打断
分歧梳理	列出主要分歧点，分小组集中讨论	使用鱼骨图或利弊分析法快速聚焦核心矛盾
共识确认	汇总决策建议，明确统一版本，记录结论	采用“手势表决法”，快速确认是否达成 70% 以上支持率，达成即可推进实施

管理金句

共识不等于每个人都满意，而是大多数人愿意支持，少数人愿意尝试。

推动共识的“管理沟通术”

典型挑战：团队发言冷场，或意见太杂乱

有人不说话是假装同意，实则心里抗拒；有人发散讨论偏离主题，影响效率；领导说得越多，员工参与得越少，形成“我说你听”的会议模式。

解决方案：建立“可讨论、可表达、可确认”的会议文化

1.用“设问而非宣告”开启讨论。

错误示范：“我们定一下这个时间节点。”

正确示范：“大家怎么看这个排期？有没有提前或延后的考虑？”

2.运用结构化引导句式："你怎么看这个方案的最大风险点？""从你负责的角度出发，你建议怎么调整？"

3.使用"沉默共识打破法"。如果无响应，点名轻问："小王，你怎么看？""不错，先听听你的想法。"给成员话语权，逐步建立表达安全区。

4.会议后用共识备忘录追踪执行。

内容包括：决策事项、支持者或保留意见者、下一步负责人。明确"即使不同意，也要共同承担执行责任"的原则。

案例故事：林涛的共识会议实战

这次项目排期讨论会，林涛这次不再"单人定调"，而是用了共识决策四步法。

他先问："这个项目的最大挑战在哪里？"

他再问："如果你来决定上线时间，你希望定在哪天？为什么？"

他把所有建议贴在白板上进行投票，最后确认共识版本，并逐人确认是否愿意支持并推进。结果，整个团队不仅更清楚目标，也更愿意为共同排期负责。即便后期出问题，也没人推诿。

林涛感叹："以前我以为提高会议效率要'有人说了算'，现在我明白，效率来自'我们一起说清楚'。"

AI 导师陪练摘录

AI 导师： 你怎么判断团队是否形成了共识？

林涛： 我会看每个人有没有参与表达、有没有认领任务。

AI导师：如果有人沉默不语呢？

林涛：我现在会点名提问，鼓励表达，不再默认沉默等于同意。

AI导师：你会怎样处理意见冲突？

林涛：用利弊分析法，让大家看到立场背后的原因。

第五周行动总结见表5–8。

表5–8　行动总结

维度	自己行动阶段	共识决策阶段
决策方式	管理者拍板，成员执行	团队共创，成员共担
执行态度	任务接受者，情绪被动	目标参与者，主动负责
工具使用	通报式会议，线性指令	共识决策四步法，结构化提问法，会议共创法
风险表现	决策快但反馈慢，推进慢	决策慢但推进稳，后期执行效率更高

林涛周记节选

“我学会了闭嘴，但不是沉默，而是让团队说出来。不是我来证明我对，而是让大家说出‘我们都觉得这样更好’。”

“共识不是每次都要每个人百分百满意，而是要形成一种氛围——我们一起决定的，就要一起扛结果。”

第六周

你不是替团队冲锋的人，而是打造“会冲锋的团队”的人

这周，林涛面临一项艰巨任务：客户临时调整交付时间，要求项目提前一周上线。

他几乎没有犹豫，立刻“扛起”核心任务，连续几晚加班赶工，把其他人分配到负责一些外围模块。

最终，他准时交付了成果，但身体透支、精神焦虑，团队成员却像看热闹一样：“领导真能干”“他搞定就好了”。

那一刻，他意识到：“我成了超能执行者，但不是带团队的人。”

执行力的误区——错把“能干”当“带队”

新晋管理者的常见误区：自己做得最快最稳，干脆亲自执行；团队做不好就收回来自己重做；认为执行力就是“赶进度+完成率”。

结果是什么？管理者加班，团队能力没长；执行力变成“个人燃烧力”，而不是“团队燃点”。

彼得·德鲁克说，管理不是做事，而是通过他人完成事情。

AI 导师陪练摘录

AI 导师： 你觉得团队执行力不足，你补上了。那下次还不足怎么办？

林涛： 大概率还是我来补。

AI 导师： 那你是在解决问题，还是在使问题延续？

林涛： 我好像只是代替他们完成任务。

AI 导师： 真正的执行力，是让他们有能力自己完成。

工具讲解：构建“集体执行力”的三大支柱

支柱一：目标可视化（可见才可执行）

使用团队任务看板（如飞书甘特图等），示例见表5-9。

表5-9　团队任务看板示例

模块	内容示例
任务名称	登录功能开发
责任人	小李
完成时间	周三中午前
状态标识	进行中/已完成/待验收
阻碍问题记录	无法访问API，等待支持

目的：让每个人都知道“谁在干什么，干到哪儿了”，形成全员对任务进展的责任感和支持感。

支柱二：执行闭环机制（有始有终，有主有次）

引入PDCA执行闭环，示例见表5-10。

表5-10 PDCA执行闭环示例

步骤	具体做法
Plan	明确目标、负责人、时间、方法
Do	按计划执行并记录中途问题
Check	每周例会复盘进度与偏差
Act	优化流程、更新标准、传承经验

执行不是冲刺，而是可以优化、复制、提升的闭环系统。

支柱三：责任共担文化（不是“我做完”，而是“我们完成”）

建立“组队推进 + 互相支持”机制。高难度任务设“双责任人”，避免唱独角戏；每周设“协作日”，强制安排协助任务；对齐集体KPI，比如设置整体交付率90%为团队共同指标。

团队执行力的本质，是责任网络的编织，而不是单点突围。

案例转折：从“任务背锅侠”到“执行指挥官”

林涛在AI导师建议下，做了三件事：

1.建立了全员可视任务墙，明确每人状态；

2.将核心任务转为“双人任务制”，让新人搭配资深员工共进；

3.将周会内容从“进度通报”转为“障碍排除”，让大家共享问题、共同破局。

结果：团队成员主动找他对齐时间；小李第一次提出“我愿意提前尝试客户模块”；林涛则学会了“站在指挥台”，不再“冲在最前线”。

林涛反思：“我不再替团队完成任务，而是让团队完成他们的任务。”

AI 导师陪练摘录

AI 导师：你现在怎么判断任务执行有没有风险？

林涛：看任务墙上的状态颜色，黄的代表延迟，红的代表出现问题。

AI 导师：如果出现红色怎么办？

林涛：我不会第一时间接手，而是问团队成员需要我提供什么资源支持。

AI 导师：现在团队有没有成长？

林涛：有，他们会互相提醒，甚至主动补位。

第六周成长总结见表5–11。

表5–11　成长总结

转变维度	个人执行力	集体执行力
执行主体	管理者冲锋	团队全员推进
信息可视化程度	管理者知情，团队不透明	所有人一目了然，主动配合
闭环机制	完成就完了，复盘靠回忆	每周检查，及时调整，形成团队习惯
团队氛围	“我完成我的就行”	“我们一起搞定”

林涛周记节选

“我开始懂了，执行力不是喊口号，而是让每个人知道他该干什么，何时干完，谁会看见他干得好。团队只有在一起冲锋，才有真正的速度和力量。”

第七周
不是你一个人胜利，而是团队一起打胜仗

产品发布进入冲刺期，林涛的项目组被临时抽调合并进另一个部门的大项目组。这意味着他要带着自己的团队和另一个团队合作，完成一项由多个部门协同的整合性任务。

起初，他还是沿用“我负责我们这块，你们负责你们那块”的思路。但很快他发现：双方进度不一致，经常等来等去；数据接口标准不同，导致重复对接、错误频出；沟通全靠邮件、钉钉，问题层层累积。

“独立作战”在小团队里还能实现高效，一旦协作面扩大，效率会立刻降低。他意识到：一个团队打赢一场仗，靠的不是分工，而是协同。

为什么协作比执行更重要?

管理大师卡曾巴赫在《团队的智慧》中指出，真正的高绩效团队，靠的不是成员能力叠加，而是协作质量的乘法效应。

问题复盘：

1. 每人都完成了自己的工作，整体却不顺。

2. 信息没有共享，前面已改完，后面还在用旧接口。

3. 没有共同的会议、节点、语言，合作只是“并行”，而非“整合”。

AI 导师陪练摘录

AI 导师： 你觉得团队协作最难的是什么？

林涛： 每个人都觉得自己在努力，但事情没连起来。

AI 导师： 有没有协作流程、共享平台、任务节点对齐？

林涛： 说实话，没有，我一直想着各自完成自己的任务。

AI 导师： 所以你们是努力的执行者，不是一个真正协作的团队。

工具聚焦：团队协作三件套

工具一：T7 模型——系统识别协作力的 7 个维度

T7 模型由哈佛大学的 Michael Lombardo 等提出，是评估团队协作效能的结构化模型，适用于新晋管理者观察团队协作瓶颈。应用示例见表 5-12。

表 5-12　T7 模型应用示例

维度	应用后表现	应用前表现
Goal	是否有共同目标	各自为战，无协同目标

续表

维度	应用后表现	应用前表现
Trust	团队间是否互信、互助	不沟通，不请教
Talent	成员能力是否匹配任务	能力够，但资源调配不平衡
Teaming Skills	是否掌握协作技巧	不清楚如何整合信息
Task Skills	是否高效执行	各有擅长技能，但不会整合
Team-leader Fit	领导是否能激活协作氛围	没有机制，只靠领导自己
Team Support	是否有外部支持、组织资源	缺少统一平台、会议机制

应用方式：

1. 每周 1 次“协作体检”，由团队评分。
2. 针对得分低的项，设定改进机制。
3. 在“目标一致性”和“协作技巧”上设置专项行动。

工具二：共享成果地图（Shared Deliverable Map）

原理：协作不是看完成了什么，而是看共同产出了什么。

制作协作流程图，标出哪些节点必须多部门联合交付。设置“协作共签”机制，比如某个子模块必须由两个负责人共同验收。项目日报中，标注“共享任务的完成状态”，避免每个人只看自己的事。

协作的可视化，可以让每个人知道这一段不是你一个人完成的，而是和某人一起完成的。

案例转折：从“划分边界”到“共建平台”

林涛意识到原来不是“我的事我负责”，而是“一条线上，每一段都可能断链”。

他立刻推动三项改革：

1. 设立每周二“协作对齐日”，所有团队分别汇报关键节点进展。

2. 引入“成果共签”机制，接口文档、测试用例等必须由跨团队人员联合确认。

3. 使用T7模型进行团队协作能力扫描，找到协作力的“盲点”并提出优化策略。

结果：冲突明显减少，很多误会在会议中提前暴露；成员之间开始主动询问“你这边需要我配合什么”；项目提前两天完成，客户验收顺利通过。

林涛反思：“协作不是谁帮谁，而是我们在一起完成那些一个人完成不了的事。”

AI 导师陪练摘录

AI 导师： 如果一个成员说“这部分不是我负责的”，你该怎么回应？

林涛： 我会说，我们不是按职责分割任务，而是共同对成果负责。

AI 导师： 你怎么确保这种协作意识的持续？

林涛： 每周协作对齐会，T7模型评分机制，协作共签，共创任务图。

AI 导师： 你觉得你现在的角色是什么？
林涛： 不是任务分配者，而是协作设计师。

第七周成长总结见表5-13。

表5-13 成长总结

转变维度	独立作战	团队协作
工作方式	各做各的	多人共同产出，交叉支持
任务可视化	个人任务清单	协作流程图、共享节点
问题暴露机制	延迟后才发现问题	每周协作对齐会提前揭示冲突
执行文化	“我干完我的就行”	“我们一起打赢这场仗”

林涛周记节选

“这周我不再觉得自己是最能干的，而是能让大家干好的领导者。以前靠我一个人拧紧螺丝，现在我学会了让整个齿轮系统顺畅转动。”

第八周
说话的内容不只有“怎么做”，还要有“为何做”和“做到什么程度”

这天的开发例会上，林涛对前端工程师小李说：“这个按钮逻辑不太对，要和数据结构对齐。”

他以为对方懂自己什么意思，结果第二天上线预览版本时，逻辑依然没变。

他问小李原因，小李反问："你昨天说的逻辑对齐是指哪个字段？我没太明白，也没人说一定要改。"

林涛这才意识到，他说的话，团队听不懂。

不是他们能力不行，而是自己还在用"技术人的沟通方式"在管理人，说的话没结构、没标准、没目标，大家一知半解，行动自然错位。

技术沟通 和 管理沟通有本质区别（见表5–14）。

表5–14 技术沟通和管理沟通的区别

方面	技术沟通	管理沟通
关注点	问题本身	问题的背景、影响、解决路径
内容形式	术语为主，以"怎么做"为核心	场景化、结构化，以"为何做＋做到什么程度"为核心
受众定位	同领域专家	不同角色、不同部门
成果导向	输出清单、代码、文档	结果责任，有优先级，资源调配

林涛以为"说了就等于沟通了"，却忘了作为管理者，要让不同背景的人都"理解并愿意行动"。

彼得·德鲁克说，沟通的本质不是你说了什么，而是别人听懂了什么。

AI 导师陪练摘录

AI 导师： 你觉得你说的话，团队能执行到位吗？

林涛： 有时候我觉得讲得很清楚，但他们理解的方向不一样。

AI导师： 那你有没有用结构讲清楚“为什么改、改到哪儿、谁负责”？

林涛： 我大多会说改一改、调整一下。

AI导师： 那是任务提示，不是管理沟通。你需要升级语言结构。

工具讲解：“STAR+SCQ”双结构管理沟通法

STAR（描述反馈时用）

S（Situation）情境：在哪个场景下发生的事？

T（Task）任务：你期望对方完成什么任务？

A（Action）行为：目前做了什么？有哪些问题？

R（Result）结果：结果如何？和期望有多大偏差？

示例：

林涛改进后对小李说：“昨天客户在预览版中发现跳转按钮逻辑有误（S），我需要你今天检查所有按钮逻辑和数据字段是否一致（T），你昨天改了数据名但没更新前端映射（A），结果影响了用户体验（R）。”

SCQ（表达需求时用）

S（Situation）：当前背景。

C（Complication）：冲突难点。

Q（Question）：我们要解决的问题是什么？

示例：

林涛跟产品团队做沟通时说："我们在合并接口后（S），发现数据层字段不一致导致接口解析出错（C），我们要确认的是统一的数据结构字段命名规范和命名范围（Q）。"

这两个工具组合，可帮助新晋管理者在跨部门、跨团队协作中表达更清晰、反馈更具体。

案例转折：从"代码式表达"到"结构化管理语言"

林涛开始每天练习"任务沟通转述"，将原本的技术语言转化为结构化管理表达。

在晨会上，他以前通常说："按钮逻辑你优化一下。"

优化说法："这个模块需要在今日中午前完成逻辑联调测试，重点是校验接口返回值格式，避免前端出错。"

在和运营部沟通时，他以前通常说："我们的系统出 Bug 了。"

优化说法："昨天在促销高峰期系统响应变慢，是因为日志查询未设置索引。我们预计今天优化脚本，2 小时后部署上线，其间不影响业务流程。"

成果是：团队成员不再反复确认任务标准；跨部门沟通时，运营、销售、产品对技术反馈开始有共识；项目进度可控，问题响应速度提高一倍。

AI 导师陪练摘录

AI导师：如果你要跟财务汇报项目预算变更，你会怎么说？

林涛：这个模块因为功能扩展，预算不够……

AI导师：建议你说“目前由于功能新增（S），成本超出计划（C），我们需要增加3万元预算用于接口对接与测试支持（Q）”，清晰简明。

林涛：明白了，原来沟通也要像搭积木一样有结构。

AI导师：管理沟通不是感性唠叨，而是要有“结构逻辑+影响力”。

第八周成长总结见表5–15。

表5–15　成长总结

项目	技术沟通	管理沟通
表达方式	简略术语，默认对方懂	结构化、可验证、关注结果
受众考量	内部技术人员	各类角色（跨部门、客户、团队）
行动触发	可能出现理解偏差，执行偏离	标准清晰、优先级明确、责任明确
沟通场景	点对点下达任务指令	多角色交叉协同中的协调与统一

林涛周记节选

“我曾以为‘说清楚’就是一句话的事，后来才发现，管理沟通的价值，是让对方立刻知道怎么干、何时干、为什么干。语言是管理者最锋利的工具。”

第九周

管理者不是“看见冲突的人”，而是“拆解冲突的人”

林涛坐在会议室的玻璃隔间里，隔壁传来略显激烈的对话声。

“你又没提前说接口要改，搞得我们数据全错！”“那你也不能把所有问题都推给我吧？你们测试做得也不细！”前端小李和测试主管孙蕾正在办公室“针锋相对”，气氛紧张。

林涛眉头一皱，心里一紧：“又来了……”

而就在上周，林涛才刚发现几个模块的交付延误是接口联调时信息传递不清导致的，他当时只是提醒：“大家注意沟通”，但并没有深入处理团队之间的矛盾。

这一次冲突爆发，他意识到：管理者不能只“发现问题”，而要“解决冲突”。

从“记录问题”到“洞察冲突本质”

在成为管理者之前，林涛习惯于看到Bug就记录，看到流程断点就贴标签。他相信，只要暴露出的问题，就能被解决。

但成为管理者后他发现，很多问题背后，其实是协作方式、角色定位和心理预期的不一致，而这些问题往往以“冲突”的方式呈现出来。

冲突有三种常见类型（来自托马斯·基尔曼模型），见表5-16。

表5-16 冲突的类型

冲突类型	表面表现	实质问题
任务冲突	“你的需求变了都没说一声！”	缺乏同步机制和预警流程
关系冲突	“他就是不服我！”	角色权威模糊或历史情绪积累
价值观冲突	“你太注重速度，完全不顾质量！”	对优先级与判断标准的认知不一致

心理学家丹尼尔·戈尔曼说，冲突的根源常常不是事实，而是感受。

林涛开始意识到，冲突处理的关键，不是去“压制声音”，而是理解其背后的“信号”。

AI 导师陪练摘录

AI 导师： 你觉得小李和孙蕾为什么吵？

林涛： 技术交付出错，但我也不想责怪谁。

AI 导师： 你不需要责怪谁，但你需要帮他们回到问题源头，避免问题再现。

林涛： 所以，我要从冲突中抽丝剥茧？

AI 导师： 是的。你的角色，是冲突的解构者。

工具讲解：冲突解构三步法

步骤一：Identify（识别冲突类型）

明确冲突的核心：是信息问题，情绪误解，还是利益冲突？

示例：

“我听到你说‘他们改了接口都没说一声’，这对你产生了什么影响？”

步骤二：Reframe（重构对话框架）

将指责语言转化为问题语言。

示例：

“我们不是在找责任人，而是在找原因和解决方法。”

步骤三：Align（对齐目标与规则）

制定防冲突机制，如任务变更须提前同步，建立多人会签机制。

示例：

“从下周开始，接口更改须在项目群提前通告并同步到看板。”

小提示：“冲突”只是未被有效管理的协作反馈，不要害怕冲突，要学会处理冲突。

案例：林涛的“调停实验”

林涛没有立即“开喷”或“压制”，他先将小李和孙蕾分别找来，听两边陈述各自的感受。

然后他组织了一个“快速对话会”：“今天我们不是讨论谁对谁错，而是复盘这个接口问题的成因——信息如何流转，哪里出了问题，怎么避免问题再现。”

他引导他们使用STAR结构陈述事件。

小李说：“我改了数据结构（S），但没发群通知（T），我以为测试脚本会自动适配（A），结果上线报错（R）。”

孙蕾说：“我们没收到任何更新提示（S），所以测试用例是旧的（T），我们以为没改（A），结果出错后收到客户投诉（R）。”

随后，林涛提出建议：“我们在JIRA（一种企业级研发项目管理平台）上创建一个‘关键字段更新’标签，下次改动必须打标签。”

最后，冲突从“争论谁对”转为“共创机制”。

AI 导师陪练摘录

AI导师：你认为一个团队里，没有冲突才是最好的吗？

林涛：我以前是这么想的。

AI导师：其实，冲突是团队成长的加速器，关键在于你如何引导它。

林涛：那我作为管理者，要做“冲突的主持人”？

AI导师：准确说，是冲突的建设性引导者。

第九周成长总结见表5-17。

表5-17　成长总结

转变维度	原始状态	成熟状态
关注点	看到表面问题	洞察问题背后的结构性因素
应对方式	旁观、规劝、压制	解构冲突、引导共识、优化机制
管理语言	“别吵了”“以后注意”	“发生了什么？怎么复盘？如何避免再发生？”
成果导向	没有持续性	建立长期有效的协作机制与预警流程

林涛周记节选

“这周我学到最重要的一点是：冲突不可怕，可怕的是我们让它烂在心里。有效解决管理冲突，就像给团队做了一次情绪的系统维护。”

第十周

不再只是“强个人”，而是一个“带队者”

“林涛，你是我们组代码写得最快的。”“是啊，有你顶着真安心。”“就是有时候你太快了，我们都跟不上你的节奏……”

听到这话，林涛有点得意，又有点不安。他是典型的“技术出身”，曾在团队里以解决Bug和熬夜上线著称。但现在，他是项目主管，却仍然每天自己写代码，做需求，搞优化。

团队成员越来越依赖他，越来越像“执行员”。他意识到，自己的技术越“强”，团队似乎越“弱”。

那一刻，林涛开始思考：作为领导者，我还要继续靠技术“硬扛”吗？还是该转向真正的管理成长之路？

从“技术精进”到“系统思维”

技术成长，是深挖一口井；管理成长，是看整个水系。

林涛习惯了从个人角度解决问题：需求不清就自己梳理、代码不优就自己重构。但成为管理者后，他面对的是更复杂的问题链——跨部门协调、团队协同、人才发展、流程优化……他开始意识到，个人技术能力再强，也难以支撑团队整体绩效的提升。

管理能力有四个维度（由Lominger模型演化而来）。

策略意识（Strategic Agility）：是否能看见团队和组织的未来路径。

人员管理（People Management）：是否能激发个体与团队的潜能。

系统思维（Systems Thinking）：是否能理解环节之间的因果关系与反馈机制。

影响力（Influencing Skills）：是否能推动他人共识与资源流动。

林涛的反思：“我一直以为，升职就是在原来的领域里走得更远。但现在我发现，管理是走一条完全不同的路。”

AI 导师陪练摘录

AI 导师：你觉得你现在还是以技术输出为主吗？

林涛：是的，我下意识还是要自己动手做。

AI 导师：那你认为你现在的价值在哪里？

林涛：应该是让团队变强。

AI 导师：很好。那么你该从哪里开始管理成长？

林涛：也许，从减少“亲自做”、增加“系统搭建”开始？

案例展开：一个看似无关的小决策

本周，林涛决定不再参加“每日上线修复会议”，而是让资深工程师赵刚代表他。第一天，赵刚紧张得不行；第三天，他开始主动整理问题；第五天，他提出上线前的预警机制……

林涛没有插手，而是定期复盘、提出建议、建立反馈机制。结果，一个简单的“角色交接”，反而成就了团队的二线“领跑者”。

这让林涛意识到：管理者的成长，不是放弃技术，而是从“做得更多”转向“让别人做得更好”。

工具讲解：从“技术优势”迈向“管理价值”的三步法

步骤一：分析你的“惯性核心能力”

写下过去 3 个月中，你花最多时间做的工作类型：编码、评审、沟通、计划……判断哪些是你的“技术惯性”导致的重复劳动。

步骤二：识别管理工作的“潜在盲区”

你是否有团队发展计划？是否设计过人才培养路径？是否设置了清晰的目标和复盘机制？

步骤三：设计“权责梯度”

规划任务梯度（见表5-18），逐步将技术工作交给他人。

表5-18 “权责梯度”示例

任务类型	第一梯度	第二梯度	第三梯度
Bug 修复	管理者完成	指定解决人＋指导	建立问题库＋团队解决
技术决策	管理者拍板	团队讨论＋定向指导	团队共创＋管理者质疑
新人带教	管理者全程辅导	成员互带 ＋ 模板化指导	建立成长路径 ＋ 数据追踪

小建议：让别人变强，不等于自己变弱，而是你真正成为“带队者”。

AI 导师陪练摘录

AI 导师： 请描述你一天的时间分配。

林涛： 我上午写代码，中午看邮件，下午复盘，晚上做周报。

AI 导师： 你一天有多少时间是放在管理上的？

林涛： 大概10%。

AI导师： 现在开始，每天给自己设一段“管理专注时间”，哪怕只有一小时。

林涛： 我明白了，要先从“安排时间管理”开始管理成长。

第十周成长总结见表5-19。

表5-19　成长总结

转变维度	技术成长阶段	管理成长阶段
时间分配	大部分投入在具体事务中	预留思考与团队发展的时间
价值认知	自己“完成得好”最重要	团队“运行得好”更关键
关注重点	Bug、代码、指标	人、机制、成长
成长模式	深度钻研某一领域	构建系统性能力框架

管理大师亨利·明茨伯格曾说，真正的管理不是做事，而是让事情以正确的方式发生。

林涛周记节选

“这一周我少写了一点代码，却感觉成长了很多。原来放手不是离开，而是更高层次的掌控。技术是我曾经的盔甲，而现在，我要学会穿上领导力这身战袍。”

第十一周
成长的主导权，从此掌握在你手中

“领导说要参加线上培训，我就点开培训网址挂着。公司组织读书会，我也是听个热闹。我现在没空学习，工作太忙了。这是林涛在成为管理者的第十一周和朋友聊天时的一段自嘲。

但同一天晚上，他刚完成了一个跨部门协作项目，在项目复盘会上被业务部门质问：“为什么客户的反馈你们团队没有第一时间响应？”

林涛一时语塞。他忽然意识到：自己对用户需求理解模糊、对流程节奏没有掌控、对冲突处理缺乏技巧……并非他的管理能力不足，而是能力成长出现断层。他的那种“等公司安排培训”的思维，正是他滞后的根源。

他开始认真地反思：如果我不为自己的成长负责，那谁能为我负责？

从“学习安排的接受者”到“成长路径的设计者”

被动学习者的心态是：公司给什么，我学什么；自我驱动者的心态是：我缺什么，就主动去补什么。

哈佛大学终身学习研究项目发现，高绩效管理者最大的共同特征，不是学历、不是经验，而是主动学习的习惯。

自我驱动学习的三层进阶：

1. 自觉层，知道自己哪里不足。

2. 自定层，主动为自己设定学习目标。

3. 自发层，持续投入学习行为并乐在其中。

林涛给自己制订了一份“能力成长地图”：

1. 每周阅读一篇产品类文章或管理文章。

2. 每月申请一次跨部门影子学习机会。

3. 每季度参加一次线上行业分享会。

短短两个月，他在团队沟通、问题分析和表达汇报方面进步显著。在一次项目述评中，他条理清晰、应答自如，赢得了业务方与主管的一致好评。很快，HR 邀请他担任部门的“新晋管理者共学营”内部讲师。

他第一次真正感受到，成长这件事，不能靠等、靠催、靠培训，而要靠自己掌握方向盘。

管理金句

“在变革时代，最大的风险不是改变，而是不学习。”

——约翰·科特

AI 导师陪练摘录

AI 导师： 你上次学习新知识是什么时候？

林涛： 大概一个月前，公司组织了一次 OKR 培训。

AI 导师： 你是被安排参加，还是自己报名的？

林涛： 被安排的。

AI 导师： 如果让你主动学习一种对你职位有帮助的知

识，你会选什么？

林涛： 可能是影响力沟通。

AI 导师： 好，现在开始制订一个“7 天影响力学习挑战”，你想怎么安排？

案例展开：从“听课者”到“共创者”

林涛曾是那个每次培训都坐在最后一排、低头回工作消息的“听课型员工”。但一次临时被抽调参与外部设计思维工作坊，他的思维被彻底打开。

在3小时的沉浸式体验中，他第一次深刻体会到，好的学习不仅是听，而是参与、碰撞、共创。

回到公司后，他主动整理了复盘文档，写了一篇《用设计思维解决研发瓶颈》的文章分享到内网，引发热议。

一周后，他被邀请参与“部门学习共创营”的课程设计。

他忽然明白，自己不是“课程的消费者”，而是“成长的设计师”。

工具讲解：打造你的“自我驱动学习系统”

工具一：能力成长路径

制定你的成长路径，可以通过图或表格展示（见表5–20）。

建议： 每月复盘成长路径一次，形成“习得—应用—反馈”的闭环。

表5-20　成长路径示例

时间周期	专业技能	通用能力	管理能力	应用场景
一个月	用户访谈技巧	时间管理	任务布置与跟进	客户访谈项目
一个季度	产品分析	沟通说服力	绩效辅导	新人带教计划
半年	行业趋势研判	影响力管理	团队激励	部门协作项目

工具二：PULL 模型

P（Purpose）：你学习的目标是什么？

U（Understand）：目前的短板或挑战是什么？

L（Learn）：你可以用哪些方式学习？书籍、课程、教练、AI？

L（Lead）：如何将学到的内容转化为行动？如何带动团队共学？

小贴士：用 AI 导师设置“挑战任务清单”，每天完成一小步，不断积累会产生巨大的转变。

AI 导师陪练摘录

AI 导师：今天你完成了“影响力沟通挑战”中的哪一步？

林涛：我看了一篇麦肯锡的文章，并尝试记录了3个沟通误区。

AI 导师：很好，明天你是否可以试着在团队会议中应用其中一个技巧？

林涛：可以，我会试试用“三段论”的方式表述观点。

第十一周成长总结见表5-21。

表5-21　成长总结

转变维度	被动学习	自我驱动
主动性	等待被安排	主动计划、主动行动
成长节奏	被动灌输、零散获取	系统规划、有节奏推进
学习方式	听课为主	多元学习（项目、共创、AI辅助）
结果转化	听完即忘	应用为王、反馈促进

托马斯·弗里德曼说，未来不属于最聪明的人，而属于最会学习的人。

林涛周记节选

“以前我把学习当作‘工作附属’，现在我知道，它是我能否成为真正管理者的决定性因素。

没有人能替我成长，我必须对自己负责。”

第十二周
让成长，不只属于你自己

林涛成为小组长已经整整三个月了。

他是团队里最努力的那个人：早来晚走、周末自学、项目结束必做复盘。他报了三门线上管理课，笔记密密麻麻；试用AI工具优化流程；甚至还在企业社群里分享管理心得。

但他渐渐发现，他的成长，并没有带动团队一起进步。

项目 OKR 依旧推进缓慢；团队成员“等拍板”，少有主动尝试；林涛越能干，团队却变得越被动。

终于，在一次绩效复盘会后，面对需要他逐项检查的项目成果和执行数据，他陷入了沉思：

“我真的是在带领团队进步，还是在独自努力？”

从“个人燃灯”到“团队点火”

管理成长中一个常被忽视的陷阱，叫“成长性自闭”——“我学会了，但没传出去。我越来越强，但没人跟上。”

这并不是林涛个人的问题，而是许多新晋管理者的共性问题。

研究显示，高潜管理者若在 12 个月内无法建立“为团队赋能”的能力，其晋升路径的成功率将下降 46%。因为真正的管理，不是靠个人能力冲在前线，而是要让整个团队一起成为发光体。

你可以通过“思维转变三问 ”自检你的成长影响力：

你学到的新方法，是否沉淀成了团队可以复用的方法论？

你能否将“偶发优秀”转化为“可复制系统成长”？

你的成长，是个体记录，还是组织资产？

案例展开：成长力如何外化为“团队复利”

林涛决定尝试一条不同的路。

他把最近学到的“高效一对一反馈模型”整理成 SOP（标准作业程序）卡片，带着团队轮流演练。他邀请 AI 导师生成“协作挑战卡”，鼓励每位成员选择一个协作技能作为一周练习任务。他将阅读的书籍做成“月度荐读简报”，鼓励大家轮流分享学习收获。他还在办公区墙面上设立了“团队成长墙”，记录每一位成员的突破时刻。

两个月后，变化悄然发生。小王首次独立主持跨部门会议，赢得业务方肯定；小李提出的自动化优化建议被采纳并推广；每周例会中，主动分享的声音逐渐多了起来。

林涛这才明白，成长的尽头，不是我越来越强，而是我们一起变好。

AI 导师陪练摘录

AI 导师： 你最近学到的一项新方法是什么？

林涛： 黄金圈开会法，对聚焦会议很有帮助。

AI 导师： 很好。那么在下次团队例会上，你愿意带着大家一起实践一次吗？

林涛： 可以试试。

AI 导师： 那我们来设定一个成长复制计划。你将这个方法拆解成3个步骤，下次会议后让一位同事复述一次，并记录会后反馈，看看哪些地方可以由团队共同优化。

工具讲解：如何从“个人成长”走向“团队成长”

工具一：团队成长路径设计

借鉴“能力模型+阶段成长法”，设计团队共同成长路径（见表5-22）。

表5-22 团队成长路径设计示例

成长维度	初阶能力目标	成熟能力表现	支持方式
沟通力	能准确传达任务	能主动协调多方关系	沟通训练营+复盘教练
协作力	能参与团队任务	能主动协助他人完成任务	协作挑战卡+协作搭档
责任感	接受分配任务	主动承担、反思改进	设立责任人制度+AI打卡
创新力	模仿已有方法	能独立提出优化建议	创新案例分享+共创工作坊

建议：每季度举行一次“团队成长盘点会”，由团队成员展示自己的成长证据（案例、数据、反思）。

工具二：“共享—共练—共评”三步法（SHL Model）

共享（Share）：管理者每周分享1个知识点或管理洞见，设置“成长5分钟”活动。

共练（Hands-on）：安排团队以小组方式围绕该知识点进行实战练习或场景演练。

共评（Learn from）：实施“团队内回顾”机制，大家对彼此表现进行反馈，总结经验。

用AI导师协助记录每轮共练反馈，形成成长记录日志，月度输出成长档案。

管理金句

“真正的领导者，不是点燃自己，而是点燃他人。”

——《哈佛商业评论》

AI导师陪练摘录

AI导师：这周你想复制给团队的成长技能是什么？

林涛：我想让他们学会结构化表达。

AI导师：那我们来制定一个小任务，本周每位成员在团队会议上做一次3分钟的结构化汇报。你将提供简要模板和反馈要点，下周我们一起复盘。

第十二周成长总结见表5-23。

表5-23 成长总结

维度	个人提升	团队成长
成长驱动	管理者个人努力	全员参与、自驱进化
传播方法	只学不教	知识沉淀、技能共享
能力影响力	个人闪光点	多点复制、团队集体涌现
成长机制	无系统、碎片化	可追踪、结构化

林涛周记节选

“我发现自己不是那个必须跑在最前面的人。我的任务是点亮火种、搭建场域，让他们每个人都能成为自己成长的源头。团队的成长，不再是因为我一个人的重量，而是我们共同的成就。”

新晋管理者AI带教官
智能体二维码

CHAPTER 6

精进

成长飞轮持续运转

“日拱一卒无有尽，功不唐捐终入海。”

——《法华经》

AI 导师来信

亲爱的学员：

恭喜你走到了这本书的最后一章。你已经完成了从“个人贡献者”到“管理引导者”的12个关键转变旅程。

此刻的你，也许已经经历：

从我该怎么做到我该带谁一起做，

从被安排到主动设定目标与节奏，

从焦虑中行动到体系化成长。

但你也可能在问自己：

我做了那么多改变，它们会持续吗？

我的管理成长，还有哪些“飞轮”可以启动？

这12周之后，我该怎么规划接下来的90天，甚至一年？

这一章，我们不再提供“答案”，而是帮助你形成属于你自己的成长系统。

你将获得：

一份完整的管理成长复盘模型，清晰了解12周的跃变轨迹；

一个“管理成长飞轮”方法图谱，指导你持续进化；

一份可操作的“90天管理成长计划模板”，将成长内化为习惯；

一句来自未来自己的寄语：“原来，我真的可以。”

成长真正的起点，不是从“知道”开始，而是从“记得+坚持”开始。请你带上这12周的探索成果，用一张白纸、一颗笃定的心，在实践中继续书写自己的管理之路。

别忘了，你并不孤单。

当你再次面对管理难题、领导挑战、职场迷雾时，AI管理导师始终在你身边，陪你复盘、训练、思考和精进。

愿你把“管理”，当成一种智慧的习惯。

愿你带着思考、计划与自信，开启下一个90天。

AI管理导师景行

第一节
管理成长的 12 步转变：从执行者到赋能者的系统跃变

管理金句

“没有清晰的成长路径，管理就只是一种经验堆砌。”

——约翰·科特《领导变革》

每一位新晋管理者在踏上“从技术到管理”的转型之路后，都会经历一段既令人兴奋又倍感压力的过程。过去你擅长“自己把事情做好”，现在你要学会“带着别人把事做好”；过去你靠的是技能和努力，现在你靠的是决策、影响、协作与带领。

12周，我们为你设计了12个关键转变。它们不仅是行为的改变，更是认知跃迁，组成了一条清晰、可复盘、可持续提升的成长阶梯。

我们将其命名为“新晋管理者12步成长阶梯”。

12 步转变的全景图：成长不是碎片化的行为，而是系统升级的路径

让我们一起来回顾这12步转变，它们按照四大核心任务划分（自我管理、任务管理、团队管理、持续成长），构成了螺旋上升的管理者进阶模型，见表6–1。

表6-1 12步转变

任务模块	成长转变	心态跃变	行为关键词
自我管理	从“个人贡献者”到“团队管理者”	从“我最会做”到“我带大家做”	授权、角色转变、身份认同
	从“独立事务执行”到“高效时间分配”	从“忙于细节”到“聚焦关键”	优先级管理、时间统筹
	从“情绪被动反应”到“情绪主动管理”	从“情绪奴隶”到“情绪主人”	觉察、调节、引导情绪
任务管理	从“完成任务”到“设定目标”	从“只看结果”到“规划方向”	目标拆解、结果导向
	从“自己行动”到“决策共识”	从“独断”到“共识”	沟通、共创、民主决策
	从“个人执行力”到“集体执行力”	从“靠我干”到“靠系统带团队干”	协作机制、行动闭环
团队管理	从“独立作战”到“团队协作”	从“效率导向”到“协同效能”	信息共享、任务协同
	从“技术沟通”到“管理沟通”	从“表达任务”到“激发人心”	结构化表达、激励反馈
	从“发现问题”到“解决冲突”	从“避开冲突”到“解决关系”	冲突识别、对话机制
持续成长	从“个人技术成长”到“管理能力提升”	从“技能刷分”到“认知进阶”	管理学习路径搭建
	从“被动学习”到“自我驱动”	从“听课学习”到“任务导向学习”	主动反馈、学习计划
	从“个人提升”到“团队成长”	从“个体竞争”到“组织赋能”	教练思维、人才梯队建设

将这12步转变绘制成“成长阶梯图”，可作为整本书的精华视觉图形。每一阶都连接上一阶的认知升级，形成管理者不断精进的正向“飞轮”。

成长模型背后的结构逻辑：由内而外、从自我到组织

这12步转变看似分散，实则遵循了一套严密的成长路径设计原理。

从“我”到“我们”的四阶进展

第一阶：向内看，管好自己（自我管理）。

没有管理好自己的人，无法真正影响他人。自我管理是管理之本。

第二阶：向前看，推动任务（任务管理）。

管理者不只是要做事，更要带人做事，要从“结果负责”到“过程掌控”。

第三阶：向外看，带动团队（团队管理）。

真正的管理者，终极能力是“组织他人成长”，不是“自己替别人做事”。

第四阶：向上看，构建成长“飞轮”（持续成长）。

从“自我进步”进化到“打造组织进化系统”，是成熟管理者的标志。

“管理力”三大维度

彼得·德鲁克曾说，管理者的任务是激发人完成原本无法

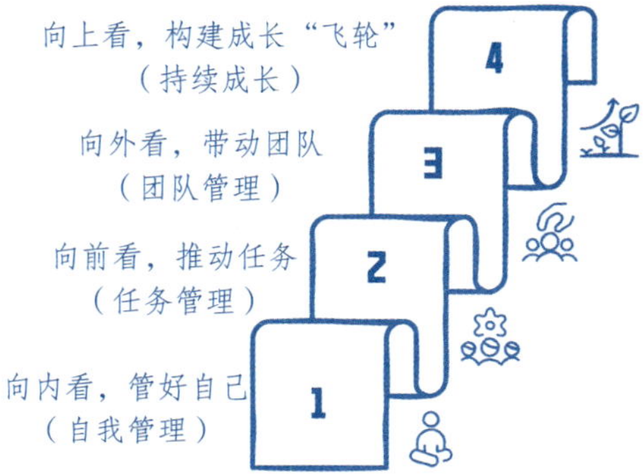

独立完成的工作。

我们认为12步转变分别映射了管理者所需的三大关键能力维度，如表6–2所示。

表6–2　管理者所需的三大能力维度

维度	对应转变	关键词
角色认知力	第1~3步	认知转型、身份认同
任务带动力	第4~6步	授权、协作、闭环
团队影响力	第7~9步	沟通、冲突解决、团队教练
持续成长力	第10~12步	路径搭建、学习计划

这个成长路径不是线性的，而是螺旋式上升的，不断重复和深入。

一个管理者不只一次经历角色认知重塑，而是随着团队扩张、目标提升，不断重新定义自己的管理边界与能力模型。

小结与反思

如果你完成了12个转变，不妨问问自己：

哪一项转变对我的影响最大？为什么？

哪一个阶段我卡顿最久？原因是什么？

哪些能力我可以继续深化？

我的成长“飞轮”能否持续运转？

管理金句

“成长，从来不是线性进步，而是一个持续重构的过程。”

——瑞·达利欧

你不需要完美掌握12步，只要持续练习每一步。这12步，既是当前的地图，也是未来的指南。

未来的你，一定会感谢此刻坚持学习的自己。

第二节 构建你的“管理者成长飞轮”模型：从一次转变到持续进化

管理金句

“优秀的管理者不是一次性转型成功，而是拥有一种持续升级的能力。”

——拉姆·查兰《领导梯队》

当你完成了这本书的12个转变，不意味着转型的结束，而意味着你已经具备“管理成长的能力”。

你开始懂得管理者要经历哪些跃变，你掌握了一套结构化训练路径，你学会了借助工具、团队、AI导师辅助。但真正的职业管理者之路，不止于12周的成长，更在于如何将短期训练变为长期系统，构建一套持续进化的“成长飞轮”。

什么是“管理者成长飞轮”？

在商业管理经典《从优秀到卓越》中，吉姆·柯林斯提出了“飞轮效应”（Flywheel Effect）：伟大的企业不是通过一次性爆发成功，而是通过不断推动一个看似沉重的飞轮，积累动能，最终形成势不可挡的推进力。

对于管理者而言也是如此——不是某一节课让你成为高手，而是一次次练习、一轮轮迭代，最终让你“从习惯中自然生长出领导力”。

管理者成长飞轮的三层结构

我们基于大量领导力发展项目和AI陪练实践，总结出一套适用于新晋管理者的“成长飞轮模型”，由三层组成。

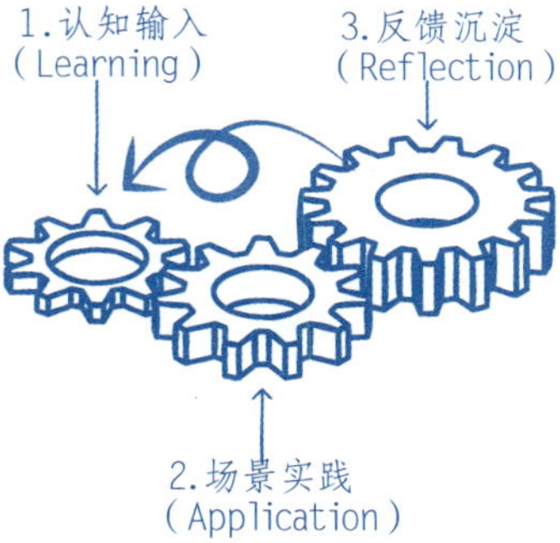

第一层：认知输入（Learning）

你主动学习、观察、反思来自业务、团队与自身的反馈——这是成长的燃料。

典型行动：阅读管理书籍、观看课程、向导师请教、观察优秀管理者的行为。

工具支持：AI导师对话、情境模拟、领导力问答助手。

第二层：场景实践（Application）

你将认知转化为行为，应用在团队管理中——这是成长的转动轴。

典型行动：主持团队会议、目标拆解、任务授权、解决冲突等。

工具支持：行为反馈记录表、任务复盘表、KPI对齐工具、AI陪练任务清单。

第三层：反馈沉淀（Reflection）

你复盘行为成效，记录经验、修正方式、更新认知——这是飞轮的润滑剂。

典型行动：每周召开反思会议、团队360反馈、写管理日记。

工具支持：AI陪练成长日志、Leader Score自评系统、团队成员反馈问卷。

每一次飞轮转动，都会加深你的管理肌肉记忆，构成“经验—行动—成效—反思—升级”的正循环。

从“12周项目”到“长期成长”：打造你的个人管理系统

如果你希望让管理力稳定上升，而不是反复波动，就需要构建一个属于自己的成长系统。

以下是我们为新晋管理者推荐的三步策略。

策略一：搭建个人成长仪表盘

每一位管理者都应像驾驶员一样，有一块看得见、可量化、可调整的成长仪表盘。你可以从如表6-3所示的维度构建。

表6-3 搭建个人成长仪表盘

维度	工具建议	行为习惯
领导力能力模型	采用“领导梯队模型”或“能力雷达图”	每月自评一次
行为追踪	使用“行为日记”或“习惯记录表”	每周记录一次关键行为
团队反馈	采用“360反馈问卷”或定期1对1反馈	每月收集一次反馈
AI洞察支持	使用AI导师进行周总结与建议反馈	每周陪练一次

管理金句

“不能衡量的成长，是不可持续的。”——彼得·德鲁克

策略二：规划管理者长期能力提升路径

多数新晋管理者成长停滞的原因不是努力不足，而是方向混乱。因此你需要制定一个“管理力发展蓝图”（见表6-4）。

表6-4　管理力发展蓝图

阶段	核心问题	学习重点
初阶管理者（0~1年）	如何从执行者转型为管理者?	团队激励、目标管理、基础授权
中阶管理者（1~3年）	如何建立团队机制与文化?	制度建设、跨团队协作、冲突管理
高阶管理者（3年以上）	如何构建组织力与人才梯队?	战略协同、组织变革、人才发展

你越早定义未来的目标，就越能走出从容而扎实的成长步伐。

策略三：引入 AI 导师陪练机制

AI导师不只是答疑工具，更是行为锚定系统，能帮助你完成从“知道”到“做到”的行为转化。

AI导师的使用方式如表6–5所示。

表6–5　AI导师使用指导

模式	使用方法	场景示例
问题陪练	与AI导师对话，解决管理难题	“我应该如何处理两个团队成员之间的矛盾？”
情景模拟	设定场景，与AI导师模拟对话	模拟一次你和员工谈目标未达成的反馈会
行动提醒	将AI接入你的SaaS系统，设定任务清单	每周提醒开一次高效团队例会，记录任务分工
日志反馈	每周写管理日志，AI帮你总结行为模式	提炼出下次应优化的行为策略

管理是一项高频但难以被持续监督的行为，AI陪练的最大价值，在于它持续陪伴、提醒，不带偏见。

用飞轮思维管理你的“管理成长”

让我们把管理者成长飞轮模型简化为一条流程：

认知输入→场景实践→反馈沉淀→回到认知输入→……

每一次迭代都更深一层、更稳一分。

举一个例子：

第一次你授权失败了，团队误解了目标。你复盘后发现自己表达模糊，更新了目标定义模板。下一次授权更清晰，团队执行更顺利。你记录了这个策略，分享到团队协作手册中。

这就是一次飞轮的推进。看似简单，但一周一次、一月四五次、一年五十几次，长此以往，你便不再是那个刚刚晋升的“执行高手”，而是一个带动组织成长的管理者。

本节总结与建议

成为优秀管理者的关键，不是一次性的突破，而是构建管理者成长飞轮，使认知输入、场景实践、反馈沉淀三个层次持续转动。借助AI导师、个人成长仪表盘、管理力发展蓝图等工具，让成长“看得见、抓得住、跑得快”。最重要的不是你学到了什么，而是你坚持实践了多少次，有没有总结与反思。

管理金句

“成长的标志，不是你多能说，而是你多能做。”

——杰克·韦尔奇

第三节

制定你的“90 天管理成长计划”：从知到行，从行到变

管理金句

“战略的执行不在于做得多快，而在于是否有计划地走完每一步。”

——约翰·杜尔《OKR 工作法》

现在，你已经完成了从“个人贡献者”到“团队管理者”的12个关键转变，你开始掌握角色认知、时间分配、目标设定、决策共识、集体执行等核心技能，也学会了利用AI导师进行陪练与反思。但这些认知与技能，还需要通过一套可视化、可量化、可调整的行动路径来固化，真正成为你管理风格的一部分。

这正是本节的目标：将“学习转变”系统化，形成一份科学的“90天管理成长计划”。

为什么是 90 天，而不是越快越好？

心理学家本杰明·布鲁姆指出，能力从知道到形成稳定行为模式，平均需要66~90天的持续练习。

对管理者来说也是如此。12个转变，不可能在一两周内

“全部习得”。你需要时间巩固、刻意练习、行为沉淀，并不断反馈优化。

而90天，正好是一个黄金周期。它足够长，可以支持你做出深层行为变化；它足够短，能避免目标模糊与计划拖延；它是结构化的，可以通过每周目标分解，持续追踪调整。

90天管理成长计划是连接转型成果与长期成长的桥梁。

三步构建你的“90 天管理成长计划”

我们设计了一套简洁高效的管理者“90天管理成长计划”三步法，帮助你科学规划。

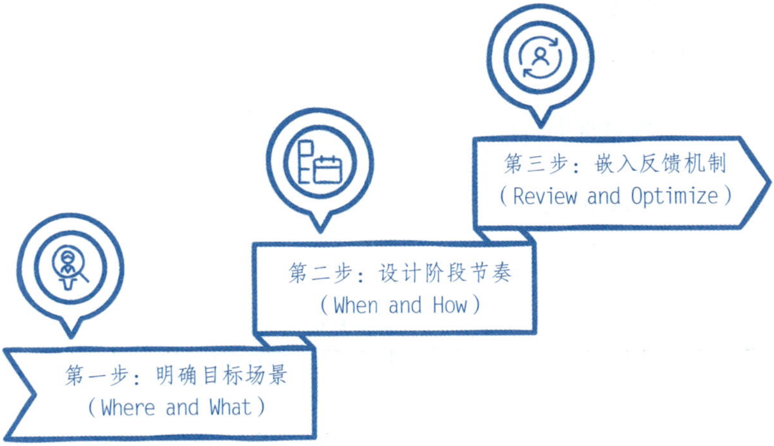

第一步：明确目标场景（Where and What）

请你回答两个问题：

你认为哪些管理场景最需要升级？

90天后，你希望在哪些管理能力上实现突破？

你可以在表6-6的场景中选择。

表6-6 可供选择的场景

关键场景	对应转变	优先级评估
团队晨会/周会	不会开会 → 结构化主持会议	★★★
任务分配	自己做 → 授权协作	★★★
冲突应对	发现问题 → 引导化解	★★☆
绩效反馈	人情沟通 → 数据反馈	★★☆
目标制定	完成任务 → 拆解目标	★★★

建议选择3~4个关键场景，作为你的90天管理成长计划要突破的核心目标。

第二步：设计阶段节奏（When and How）

你可以将90天分为三个阶段，每个阶段聚焦一个核心突破目标（见表6-7）。

表6-7 90天行动计划的三个阶段

时间阶段	目标关键词	具体行动建议
第一阶段（1~30天）	基础锚定	明确角色职责 → 设定团队目标 → 建立晨会机制
第二阶段（31~60天）	行为强化	开展一次项目型任务授权实践 → 引导团队进行共识决策
第三阶段（61~90天）	文化沉淀	建立反馈机制 → 实施问题分享会 → 搭建团队协作文化

每周建议聚焦一项转变任务，每月进行一次整体反思与优化。

第三步：嵌入反馈机制（Review and Optimize）

管理金句

“没有反馈的行动，是无效的尝试。”

——彼得 · 圣吉

你可以采用以下工具，建立你的反馈闭环（见表6–8）。

表6–8　可供采用的工具

工具名称	应用方式	建议频率
AI成长日志	每周记录目标、行动、结果、反思	每周一次，建议周五进行
1对1回顾模板	与团队成员沟通执行与配合问题	每两周一次
能力雷达图	自评管理行为表现并设定微调方向	每月一次
微反馈	邀请团队反馈你在哪些方面的表现有待提升	90天后全面收集

可使用AI导师协助整理反馈内容，并生成行为优化建议（见表6–9）。

表6–9　行动计划样表模板（可复用）

周次	重点转变任务	应用场景	具体行为行动	反馈方式
Week 1	个人执行→团队目标	例会	明确三个团队周目标并拆解给成员	AI日志、晨会共识
Week 2	独立作战→协作推进	项目任务分配	使用3W1H任务协作法进行跨部门协作布置	项目复盘表
Week 3	朋友关系→数据驱动	日常反馈	使用结构化语言反馈项目质量	1对1沟通记录

续表

周次	重点转变任务	应用场景	具体行为行动	反馈方式
Week 4	情绪反应→理性表达	冲突场景	模拟对话，练习非暴力沟通	AI 情境陪练

可以配套使用“SaaS系统+AI导师平台”，实现任务提醒、记录归档、行为建议三位一体。

AI 导师的 90 天任务陪练模式

AI导师不只是提醒你“今天做了没”，它还能陪你：

1. 模拟情景沟通（如目标布置、绩效谈话）。
2. 提供行为建议（如用哪种反馈语言更清晰）。
3. 自动生成行动日志（便于管理者回顾）。
4. 持续追踪计划达成度，帮助你形成闭环。

示例：

“帮我回顾一下上周的授权任务，我错在哪里？”

“我今天要和团队开例会，请你扮演一个不配合的下属。”

“我近90天的执行率只有60%，你能帮我优化节奏吗？”

本节小结：从知道到做到，从做到到稳固

一份好的90天管理成长计划，应该具备以下特征。

1. 目标明确：聚焦关键场景，避免贪多求全。
2. 节奏可控：分阶段推进，每周可落地。
3. 反馈机制：定期复盘、收集数据、调整优化。
4. AI助力：借助技术强化行动落地与行为转化。

管理金句

“真正拉开人与人差距的，不是理解力，而是执行力。”

——埃隆 · 马斯克

新晋管理者AI带教官
智能体二维码

附录

一、管理者常见的“24坑”
二、AI任务陪练工具清单
三、AI任务陪练记录表1
四、AI任务陪练记录表2
五、管理者常用工具推荐清单
六、AI任务陪练对话精选

附录一
管理者常见的“24 坑”

关键转变	管理者常见的“24 坑”
从“个人贡献者”到“团队管理者”	1. 继续亲力亲为、无法授权 2. 不敢管理老同事，导致权威缺失
从“独立事务执行”到“高效时间分配”	3. 用个人习惯安排时间，忽视团队节奏 4. 不会拒绝，答应一切要求
从“情绪被动反应”到“情绪主动管理”	5. 情绪上头时带队伍 6. 忙中生乱，忽视自我调节
从“完成任务”到“设定目标”	7. 只盯短期交付，不设长期方向 8. 目标模糊，任务驱动凌驾于战略思维
从“自己行动”到“决策共识”	9. 决策靠直觉，不征询意见 10. 拒绝讨论，忽视群体智慧
从“个人执行力”到“集体执行力”	11. 一切靠提醒，团队节奏不统一 12. 不清楚谁负责什么，责任模糊
从“独立作战”到“团队协作”	13. 信息孤岛，各做各的 14. 没有协作规则，推诿扯皮频发
从“技术沟通”到“管理沟通”	15. 用术语说事，下属听不懂 16. 没有设定清晰的沟通期望，导致反馈混乱
从“发现问题”到“解决冲突”	17. 回避冲突，问题堆积 18. 情绪化处理冲突，激化矛盾
从“个人技术成长”到“管理能力提升”	19. 只看重技能提升，忽视人际关系 20. 缺乏反思，不愿面对管理盲区
从“被动学习”到“自我驱动”	21. 等待安排培训，被动接受 22. 忙于事务，无学习节奏
从“个人提升”到“团队成长”	23. 管理成了“控制”，不给下属成长空间 24. 只顾KPI，不注重人才培养

附录二

AI 任务陪练工具清单

任务主题	对应管理工具	AI 陪练场景示例	频率建议
时间管理	四象限法、GTD	模拟安排明日计划并判断优先级	每日/每周
目标设定	SMART 模型、OKR	与AI协同拆解季度目标并生成KR	月度/季度
情绪管理	ABC情绪重塑法	AI引导识别一次情绪反应并分析触发点	每周一次
会议主持	黄金圈法则、结构化例会流程	演练一次团队例会流程，AI提示节奏与总结	每周一次
授权与放权	任务授权五步法	AI扮演下属，模拟授权过程并反馈理解程度	每周至少一次
团队协作	RACI责任矩阵、协作契约	协作计划制订练习，AI帮助生成RACI图	每周一次
冲突解决	DESC模型、利益地图	模拟一次冲突对话，AI作为对方角色进行互动	遇冲突即练
沟通反馈	三明治反馈法、STAR模型	AI角色练习如何给出结构化反馈	每次反馈前
任务追踪	任务看板、3W1H任务协作法	每日更新任务状态，AI提醒未完成部分	每日同步
团队激励	SCARF 模型	识别团队成员动机并制定个性化激励方案	每两周一次

附录三

AI 任务陪练记录表 1

周次	关键转变任务	AI 陪练任务示例	执行状态	AI 反馈记录	备注
第1周	从“个人贡献者”到“团队管理者”	模拟一次角色切换会议，识别你是否还在用执行者思维			
第2周	从“独立事务执行”到“高效时间分配”	记录一周时间分配日志，让AI分析你是否聚焦在管理任务上			
第3周	从“情绪被动反应”到“情绪主动管理”	情境对话练习：AI扮演同事，你练习如何表达与控制情绪			
第4周	从“完成任务”到“设定目标”	用AI共同拆解团队目标，练习使用SMART原则制定目标			
第5周	从“自己行动”到“决策共识”	模拟会议引导，练习如何收集团队共识			
第6周	从“个人执行力”到“集体执行力”	团队协作复盘，让AI分析集体执行力中的瓶颈			
第7周	从“独立作战”到“团队协作”	设计一个跨部门合作场景，由AI模拟推进障碍			
第8周	从“技术沟通”到“管理沟通”	用AI帮助你优化一次团队反馈会议的沟通内容			

周次	关键转变任务	AI 陪练任务示例	执行状态	AI 反馈记录	备注
第9周	从“发现问题”到“解决冲突”	AI协助梳理冲突背后需求，模拟关键对话			
第10周	从“个人技术成长”到“管理能力提升”	记录每周管理任务，AI提示是否成长聚焦			
第11周	从“被动学习”到“自我驱动”	让AI生成你的学习日志，提供自驱优化建议			
第12周	从“个人提升”到“团队成长”	模拟教练场景，AI引导你如何赋能团队学习			

附录四

AI 任务陪练记录表 2

周次	时间起止	关键转变主题	目标设定	关键任务 / 挑战	AI 陪练模拟主题	计划行动事项	本周反思与总结	下周预备事项
第1周		从“个人贡献者”到“团队管理者”						
第2周		从“独立事务执行”到“高效时间分配”						
第3周		从“情绪被动反应”到“情绪主动管理”						

续表

周次	时间起止	关键转变主题	目标设定	关键任务/挑战	AI 陪练模拟主题	计划行动事项	本周反思与总结	下周预备事项
第4周		从“完成任务”到“设定目标”						
第5周		从“自己行动”到“决策共识”						
第6周		从“个人执行力”到“集体执行力”						
第7周		从“独立作战”到“团队协作”						
第8周		从“技术沟通”到“管理沟通”						
第9周		从“发现问题”到“解决冲突”						
第10周		从“个人技术成长”到“管理能力提升”						
第11周		从“被动学习”到“自我驱动”						
第12周		从“个人提升”到“团队成长”						

附录五
管理者常用工具推荐清单

1. 自我管理工具（Self-Management）

工具名称	功能作用	推荐使用情境	AI 陪练提示
四象限法（重要紧急矩阵）	识别任务优先级	日常时间管理	模拟每日计划优先级划分
GTD 任务管理法	整理待办与项目计划	面对任务过载时	由 AI 协助归类任务
番茄工作法	提高专注力	拖延、高干扰环境下工作	AI 定时提醒与节奏追踪
反思日志模板	提高觉察与复盘能力	每周总结、情绪觉察	AI 引导你自我回顾每一天

2. 任务与目标管理工具（Goal and Task Management）

工具名称	功能作用	推荐使用情境	AI 陪练提示
SMART 原则	设置明确、可实现的目标	新项目或成员目标设定	AI 可判断目标是否符合 SMART 原则
OKR	对齐团队 / 个人目标与关键成果	季度目标、岗位期望澄清	AI 协助拆解 KR 并提醒进展
3W1H 任务协作法	明确 What/Why/Who/How	任务布置、项目分工	AI 模拟下属回应与澄清问题
5W2H 分析法	拆解任务执行全流程	项目启动、流程设计	AI 协助设问优化流程结构
90 天管理成长计划	管理者岗位成长路线图	新晋管理者入岗	AI 生成 90 天管理成长计划草稿

3. 沟通与反馈类工具（Communication and Feedback）

工具名称	功能作用	推荐使用情境	AI 陪练提示
黄金圈法则（Why-What-How）	结构化表达	汇报、任务沟通	AI 模拟下属反馈“我听懂了吗？”
DESC 模型	表达立场、提出反馈	冲突谈话、负面反馈时	AI练习每个DESC步骤表达
STAR 模型	阐述行为与案例	分享经验、行为面谈	AI 陪练构建行为故事叙述
三明治反馈法	结构化正负反馈	日常管理反馈	AI 提供语气调整建议

4. 会议管理与协作工具（Meeting and Collaboration）

工具名称	功能作用	推荐使用情境	AI 陪练提示
结构化例会流程表	提升会议效率	周会、项目进展会	AI 扮演“会议助手”提醒流程与议题
会议纪要五要素	形成闭环决策	会议总结、责任追踪	AI 整理会议纪要模板
团队同步看板（如 Trello）	任务透明协作	项目进展同步	AI 协助生成任务卡片说明
站立式会议流程	快速信息同步	日常晨会、敏捷团队	AI 模拟快节奏会议控制时间

5. 团队管理与授权工具（Team and Delegation）

工具名称	功能作用	推荐使用情境	AI 陪练提示
责任-任务矩阵（RACI Chart）	明确职责边界	团队协作、项目管理	AI 帮助生成职责分配表
任务授权五步法	有效放权与跟进	培养下属能力时	AI 模拟下属回应授权的方式

续表

工具名称	功能作用	推荐使用情境	AI 陪练提示
团队协作契约	明确协作规则	新团队组建、文化重塑	AI可定制协作契约条款草稿
角色互补搭档图	优化人岗匹配	跨职能项目搭建	AI协助识别团队技能补位点

6. 冲突与成长工具（Conflict and Development）

工具名称	功能作用	推荐使用情境	AI 陪练提示
ABC情绪重塑法	管理情绪反应模式	面对焦虑或冲突	AI引导识别事件—信念—结果
SCARF 模型	理解人性动机	提升团队领导力	AI分析团队成员动机触发点
GROW 模型	引导问题解决与成长	一对一辅导、目标澄清	AI陪练每一轮教练提问
利益地图	澄清多方冲突立场	跨部门协作存在冲突	AI协助制定三方共赢方案

工具说明：

1. 每一个工具皆可通过AI导师空间站进行实战演练。

2. “模拟对话练习”“计划生成建议”“任务分解指导”三种陪练模式匹配全清单。

3. 配套“AI任务陪练清单表格”内嵌于90天成长计划模板中。

使用建议：

将此清单打印或收藏至管理者SOP系统，每遇到一类问题，就对照选择合适的工具，再进入AI陪练进行“对练+调整+应用”。

附录六

AI 任务陪练对话精选

第 1 周精选对话

☆ 转变主题

从“个人贡献者”到“团队管理者”。

☆ 关键词

授权对话、设定目标、技术贡献者、团队管理。

☆ 情景设定

新晋管理者张伟升任技术主管后，仍习惯亲自完成大部分工作，认为“自己做得更快更好”，并未将工作有效授权给团队。

☆ 对话实录：AI 导师 vs 管理者张伟

张伟： 我现在每天加班到很晚，任务总是做不完。虽然升了职，但感觉比以前更累。

AI 导师： 听上去你还在承担很多执行事务。你现在的角色是主管，是否可以告诉我，你目前的工作中，“亲自做”而不是“推动别人做”的比例有多少？

张伟： 嗯……应该有 70% 都是我自己在做。因为有些事我做得快，也怕别人做不好耽误进度。

AI 导师： 你提到自己做得快，这是技术贡献者的思维模式。在管理者的角色中，有个重要转变是“你的产出 = 团队产出”，而不是你亲自完成的任务量。我们一起来梳理一下哪些任务“非你不可”，哪些任务可以尝试授权，好吗？

张伟：可以，我其实也想知道，哪些事可以放心交出去。

AI导师：请拿一张纸，画出两栏，左边栏写上你当前的全部任务，右边栏写“必须自己做”和“可以授权”两类事物。我们可以一起看一两个例子，来试着判断。

张伟：比如，需求评审会的准备，我通常都自己整理完所有细节，然后再告诉产品。

AI导师：这个任务本质上是“信息收集+逻辑归纳”，是否有团队成员可以做初稿，你最后把关？

张伟：也许可以让小刘试试，他逻辑还不错。

AI导师：很好，这是“授权练习1号”。建议你本周每天试着授权一项任务，并观察团队成员的反馈与成长。

张伟：但我还是有点担心他们做不好，出错了怎么办？

AI导师：非常正常。这种“心理门槛”几乎所有新晋管理者都会有。德鲁克说，管理者的价值不在于他自己做多少，而在于他能带动多少人完成正确的事情。授权的关键是挑合适的人，设清楚边界和目标，做好过程中的指导而非代劳。要不要我们来演练一个“授权对话”？

张伟：好啊，这我确实不太会说。

AI导师：好的，假设你要让小刘负责下周的客户问题整理工作。请你尝试表达授权要求，我来模拟小刘的反馈。

张伟：“小刘，客户那边有个反馈问题比较零碎，你看一下帮忙整理成表格，下周给我。”

AI导师（模拟小刘）：“呃……要整理到什么程度？哪些客户先做？”

AI 导师：你看，张伟，这里就出现了一个授权盲点——目标模糊、期望不明。我们可以用一个简单的结构——“任务+时间+标准+支持”，你试试看。

张伟：“小刘，这周我希望你负责整理上个月客户的反馈，按客户分类汇总为 Excel 表，周五上午前完成。如果有不清楚的地方可以随时问我。”

AI 导师：非常棒！这是一位管理者该有的表达方式。记住，授权不是甩锅，而是赋能。

张伟：那我每天要怎么练习呢？

AI 导师：为你定制一个“管理者授权三步练习法”，本周每天执行一次：列出当天可授权任务；选出一项明确授权给下属，并用“任务+时间+标准+支持”的结构沟通；记录授权过程的成功、问题、反馈点。周五我们再来回顾这 5 天的授权练习，评估你“从执行到带队”的初步转变。

张伟：谢谢你，导师。今天我第一次有了一种“在当管理者”的感觉。

AI 导师：太好了，张伟！别忘了，这只是开始。每个真正优秀的管理者，都是从“让别人更好地完成工作”开始的。我们下次见！

☆ 本周 AI 任务陪练要点小结

模块	内容
转变聚焦	从“自己干”到“赋能团队”
关键工具	任务分级矩阵、授权表达结构（任务+时间+标准+支持）
本周任务	每日练习 1 次有效授权，记录反思，准备复盘

第 2 周精选对话

☆ 转变主题

从“独立事务执行”到“高效时间分配”。

☆ 关键词

时间管理、精力分配、优先级判断、授权。

☆ 情景设定

晋升第二周，管理者李然仍习惯亲力亲为，把所有杂事都堆在自己身上。他感到时间被塞得满满的，但团队的进展并不理想。面对每日“忙而无序”的状态，他深夜向AI导师发起了对话请求。

☆ 对话实录：AI导师 vs 管理者李然

AI导师：李然，你好！今天是你晋升为管理者的第10天，感觉怎么样？我看到你今天有9小时的会议排程，还处理了4个同事的工作跟进邮件，似乎有些疲惫？

李然：真的有点累。说实话，我感觉还在做“执行者”的事，每天时间被各种琐事切割，晚上才能做自己的事情。

AI导师：你现在每天的时间用在哪里了？我们不妨一起看看你的“时间支出账单”吧。

李然：好。我今天早上有一个周会，然后帮小王核对了他新项目的方案，接着协调了销售部的需求，下午帮人力部确认了培训资料……说出来我才发现，这些事大部分根本不该我一个人来做。

AI导师：这正是新晋管理者常见的“时间误区”——你把时间花在了“看得见的忙碌”上，却忽视了“看不见的高价值任务”。管理者的时间 = 决策时间 + 沟通时间 + 激发团队时间。

你是否愿意我们用“四象限法”来做一次梳理，把今天的任务都放进去看看优先级？

李然：当然可以！我知道这个理论，但从来没真正去用过。

AI 导师：我建议你花10分钟，把今天所有事项填入四象限中。然后告诉我一个最让你意外的发现。

李然（10分钟后）：我发现，我一整天竟然只有30分钟花在象限Ⅱ（重要但不紧急）的事情上，也就是我应该重点做的“管理者职责”，比如设定目标、带教新人。结果时间被象限Ⅲ（不重要且不紧急）的小事取代了。

AI 导师：非常棒的觉察！多数“执行者型管理者”的问题正出在这里。他们用勤奋掩盖战略上的模糊。你是否愿意从明天开始做一项小练习，每天至少保留 90分钟专属时间，用于象限Ⅱ任务（例如目标分解、团队反馈、一对一沟通），并记录执行情况？

李然：可以尝试。我今天已经意识到再这样下去，我会变成团队最大的瓶颈。

AI 导师：那太好了！另外，我想再提醒一句，“授权”和“时间管理”密不可分。你有没有观察到，哪些任务其实可以让团队成员承担，而你却习惯自己揽过来？

李然（苦笑）：说到这个，我帮小王改文案，其实他可以自己处理，只是我怕他做不好，所以一不小心又替他做了。

AI 导师：这正是管理者的“隐形自负”——不放心别人，其实是在消耗自己的管理空间。从明天开始，试试这样用一句话交办任务：“小王，这份方案你先处理一版，重点突出X和Y，明天下午2点我们一起看看，过程中你有问题随时问我。”

李然：这句好，我能用。不是一股脑丢给他，而是带着节奏地交代任务。

AI导师：彼得·德鲁克说过，时间是最稀缺的资源，若不加以管理，其他一切也无法管理。现在的你，不再是那个任务终结者，而是资源分配者、节奏掌控者和授权者。

☆ 陪练任务布置

1. 回顾过去三天的任务内容，用四象限法分类。

2. 每天预留90分钟给象限Ⅱ任务，并写下你完成了什么。

3. 每天尝试交办一项原本你会亲自做的事务，并记录对方反馈。

4. 记录你本周三件最耗时间但“非必须自己做”的事务，并标注是否已授权他人。

☆ 反思卡片：时间的真正用途

管理者真正要面对的问题不是“有没有时间”，而是“时间是否用在了值得的地方”。

本周你是否主动腾出空间去完成团队级别的重要任务？

第3周精选对话

☆ 转变主题

从“情绪被动反应”到“情绪主动管理”。

☆ 关键词

情绪觉察、情绪调节、情绪引导、领导者情绪力。

☆ 情景设定

第3周，新晋管理者刘畅面临着情绪管理的困境。一方面，她对团队成员迟迟不交付工作感到愤怒；另一方面，她又因自己在会议中语气过重而感到懊悔。她决定与AI导师深度探讨

"管理者的情绪力"。

☆ 对话实录：AI 导师 vs 管理者刘畅

AI 导师：刘畅，今天看你的语音留言里情绪有些波动。愿意跟我聊聊发生了什么吗？

刘畅：早上我们开例会的时候，小李的项目又拖延了。我当时真的控制不住，语气就冲了点，但他一句话也没说。会后我冷静下来，也觉得自己太激动了……我现在是领导，不该这样。

AI 导师：你察觉到了自己当时的状态，也为自己的行为感到内疚，这说明你已经处在情绪管理的第一步了——自我觉察。让我问你一个问题：当时你真正愤怒的点，是小李没完成任务，还是你担心团队交付整体被拖延？

刘畅（沉思后）：好像是我太怕整个项目搞砸了，才急着抓他的节点。

AI 导师：很好。那我们可以进一步拆解，你表面上是"对人发火"，但本质上是"对结果担忧"。这正是管理者情绪偏差的经典场景。

那如果你在当下能转换说法，你觉得你可以怎么说？

刘畅：或许我可以这样说："小李，我担心这个节点会影响整体进度，我们能不能今天晚上把这个节点清一下？"

AI 导师：非常好！这句话里没有责备，既表达了你的担忧，又邀请对方共担目标。你有没有发现，这样表达其实反而更有力量？

刘畅：是的。这样沟通，我感觉自己更像个领导者了。

AI 导师：刘畅，你在做一件非常重要的事——学习情绪力，而不是情绪控制。管理者的情绪是有外溢效应的。在管理情绪方面，你可以分三个层级进行训练：

1.稳定情绪基础（不轻易情绪化、避免过激表达）。

2.引导团队情绪（察觉团队氛围，调动积极性）。

3.用情绪驱动文化（建立信任感、成就感、归属感）。

你不必做“冷冰冰的机器人”，也不必成为“事事迎合”的老好人。你要成为的，是一个既懂得表达边界，又能体察人心的管理者。

☆ 陪练任务布置

1.记录本周触发情绪的三个事件，写下情绪触发点和背后的真实需求。

2.每天使用“情绪三步调节法”练习一次，即便是小场景（如沟通不畅）。

3.练习“建设性表达”金句三句，在日常管理中自然使用：

“我看到这件事的结果有点偏差，我们一起看看怎么调整？”

“我担心大家的信息没有对齐，我们花5分钟快速同步一下？”

“这件事让我有些急，但我想先听听你的看法。”

☆ 反思卡片

你向团队传递了什么情绪？你是一个情绪的“扩音器”，你的表达，正在塑造团队的氛围。

本周，你有没有试着用温和坚定的方式处理冲突或表达不满？那种感觉如何？

第 4 周精选对话

☆ 转变主题

从“完成任务”到“设定目标”。

☆ 关键词

结果导向、目标管理、团队聚焦、战略思维。

☆ 情景设定

第4周，新晋管理者韩岩发现，尽管团队每周都在“忙碌地完成各种任务”，但整体成效不高，复盘时总觉得“做了很多，但没看到成果”。他开始意识到，也许问题不在“干得不够多”，而在“目标不够清晰”。在困惑之下，他决定向AI导师请教如何从执行者思维转向目标管理者思维。

☆ 对话实录：AI导师 vs 管理者韩岩

AI导师：韩岩，听说你最近在做周度复盘时，有点抓不到重点。是哪些事情让你有这种感觉？

韩岩：我们团队这周做了很多事，PPT也交了好几份，但客户还是不满意。我感觉，我们在“做事”，但没达到“目标”。好像大家都把完成任务当成终点了。

AI导师：你说出了一个关键转变点。很多新晋管理者最大的误区是把完成任务当作目标达成。我想问你，如果你不设定目标，那你又怎么知道自己“成功”了吗？

韩岩（沉思）：说得对。我们只是“在动”，而不是“有方向地动”。

AI导师：这周，我们要让你学会从“完成任务”切换到“设定目标”。你可以尝试使用OKR模型。

O（Objective）：我们希望达成什么样的实质性成果？

KR（Key Results）：我们如何衡量是否接近目标？设立3个可量化指标。

韩岩： 比如我们这次的目标是“提高客户满意度”，KR可能是“客户评分达到90分”“解决3个历史问题”“优化报告格式”。

AI导师： 太棒了。你已经开始从行为导向转向结果导向。很多任务，完成了也不代表有价值。真正的管理者是盯着成果设计行动的。

表1是完成导向、产出导向、价值导向的思维对照。

表1　完成导向、产出导向、价值导向

类型	关注点	例子	常见陷阱
完成导向	是否做完了？	“交了报告”	没人看，无反馈
产出导向	是否做出了成果？	“报告通过审批”	质量一般
价值导向	是否解决了问题？	“客户对报告满意，续签”	真正成功

AI导师： 彼得·德鲁克曾说，效率是正确地做事，成效是做正确的事。你希望成为一个“高效执行”的主管，还是有“有效成果”的管理者？

韩岩： 当然是后者。我现在意识到，忙碌和成果之间并不能画等号。

☆ 行动训练：目标对话四步法（用于布置任务）

AI导师： 当你给团队布置任务时，试着换一种沟通方式。我们用目标对话四步法沟通。

我们要达成的目标是什么？（结果导向）

你认为有哪些关键成果可以体现这个目标？（KR引导）

你计划如何推进这个目标？（策略思考）

我们何时来做中途评估？（过程跟进）

韩岩：我学会了不再说“这个报告你做完就好”，而是说“我们希望客户看到后，满意度提高，你觉得这份报告要体现哪些关键点？”

AI 导师：这就是你从关注管理任务走向关注管理成果的第一步。

聚焦，是领导力的开始。

执行者在转为管理者的路上，都会经历从“做完就好”到“达成目标”的跃变。你越早养成结果导向思维，团队就会越快走向高绩效。

☆ 陪练任务布置

1. 从本周工作中选出3项“正在执行的任务”，为它们分别补充1个清晰目标（O）和3个关键结果（KR）。

2. 召开一次“目标聚焦会议”，帮助团队对齐每周目标和期望成果。

3. 在每项任务前加上“为什么我们要做这件事”的思考环节，并记录团队反馈。

☆ 反思卡片

你管理的是“事情”还是“成果”？忙碌不能证明价值，只有目标才能对齐意义。

这一周，你有没有因为提前定义清晰目标，而让任务推进得更顺畅？有没有从“做多少”转向“成效如何”？

第 5 周精选对话

☆ 转变主题

从“自己行动”到“决策共识”。

☆ 关键词

共识决策、团队参与、执行一致性、领导影响力。

☆ 情景设定

第5周，管理者陈曦正推进一项跨部门项目。尽管她前期已独立完成方案设计并直接下达执行指令，但项目推进迟缓，相关人员响应冷淡。她意识到：也许“独立决定”并非最佳路径。她带着困惑，开始与AI导师进行深入对话，希望走出“独断独行”的管理盲区，掌握高效达成团队共识的关键。

☆ 对话实录：AI导师 vs 管理者陈曦

AI导师：陈曦，你推进的新项目卡住了，是遇到了什么阻力了吗?

陈曦：我其实已经把方案做得很详细了，也直接安排了各方的任务，但他们都很“冷淡”——回复慢、推脱多，我甚至怀疑是不是他们不想配合。

AI导师：有没有可能，问题不是“他们态度差”，而是你让他们被动接受了一个“你自己做的决定”?

陈曦：你是说，他们缺少参与感?

AI导师：不仅是参与感，更重要的是缺乏共识，缺乏执行力。

很多管理者升职初期，会陷入一种习惯——“我决定，我推动”，以为这样效率更高。但团队不是齿轮，而是有认知、有感受、有动力机制的有机体。

达成决策共识，才是执行力的源头。

我们来用一个高效协作工具——5D共识决策模型（见表2），帮助你从“个人决定”转向“团队共识”。

表2 5D共识决策模型

阶段	内容	管理者角色
Define（界定）	明确问题与目标	描述挑战，引发关注
Discover（洞察）	收集观点与信息	倾听多元声音，识别风险
Design（设计）	共创解决方案	激发团队参与，集思广益
Decide（决策）	共识选择方向	建立标准，形成统一意见
Drive（执行）	行动与跟进	明确分工，持续反馈

陈曦：我现在明白了，我是直接跳到“决定和分工”这一步，但团队没有经历共创的过程，没有认同感。

AI导师：管理不是“高效安排”，而是“共同设定愿景、达成路径共识、调动团队能动性”。没有共识的行动，是走不远的命令。有共识的行动，才有自驱力。

你越是忽略团队参与，越会损失执行力。真正的高效，不在于决策有多快，而在于推动是否顺畅。

☆ 陪练任务布置

1. 回顾你最近一次独立决策并推进的项目，是否因缺乏共识导致推进困难？

2. 组织一次“5D共识会议”，从问题定义开始，让团队共创方案。

3. 记录一次会议中达成共识的过程，用一页纸梳理团队如何从分歧走向统一。

☆ 反思卡片

管理者，是决策者，还是协同者？你做出的决定，是否被团队真正接纳？你推动的方案，他们是否愿意一起承担结果？

这一周，你有没有因为引导团队共创而让项目推进更顺畅？有没有从“我定你做”转向“我们一起决定”？

第 6 周精选对话

☆ 转变主题

从“个人执行力”到“集体执行力”。

☆ 关键词

团队协作、执行闭环、协同推进、系统配合。

☆ 情景设定

第6周，管理者林程带领团队推进一个关键项目。作为曾经的“高效执行者”，他习惯自己冲在最前面，总觉得“我干得快”。但他逐渐发现，项目执行瓶颈越来越多，团队成员进展不同步、沟通不到位。

林程决定找AI导师聊聊，如何从“一个人拼命干”，转变为“团队一起推动”。

☆ 对话实录：AI导师 vs 管理者林程

林程：导师，我感觉最近工作特别累，我几乎每天都在加班处理项目细节，但整体进度却没有提升，团队效率也不高。

AI导师：听起来你还处在“高效个体”模式中，但作为管理者，你现在要构建的是一个“高效系统”。

林程：可我觉得他们做事太慢了，交代的任务也不主动跟进，不如我自己动手。

AI导师：你现在就像一台"高性能发动机"，拖着几辆"没加油的车"，当然累。你需要做的，不是自己开得更快，而是让整个车队一起出发。

"高执行力"不等于"高绩效团队"。

在管理中，个人执行力很重要，但更重要的是团队的执行力闭环，包括信息透明、分工明确、责任到人、跟进闭环。

真正的管理者，不是使自己成为走得最快的人，而是打造出一支推得动的团队。

你可以用TPI执行力模型（见表3）诊断团队的执行障碍，比如，任务描述是否清晰？是否下达任务却没有跟进节点？是否没人对最终结果负责？

表3　TPI执行力模型

维度	内容	检查问题
T（Task clarity）	任务清晰	团队成员是否知道具体要做什么？
P（People alignment）	人员对齐	是否每个人都清楚自己的职责？
I（Implementation rhythm）	执行节奏	团队是否有统一的推进节奏？

林程：你说的我很有共鸣，我发现有的任务我讲过了，但他们理解有偏差，有人以为是建议，有人以为不急着办。

AI导师：执行力不是靠你"推着大家跑"，而是靠"制度+节奏+协作"，你不需要替他们做，而要设计好他们做事的方法。

☆ 陪练任务布置

1.回顾上周团队内推进不畅的任务，用TPI执行力模型分析问题出在哪一环节。

2.制订一个“执行力节奏计划”，比如，周一任务布置，周三反馈汇报，周五复盘评估。

3.试行一个共享看板或任务工具，提高团队协作效率与责任透明度。

☆ 反思卡片

你是推动者，还是设计者？本周的执行难题是因为你做得不够多，还是你没有设计团队“如何一起做”？

这一周，你有没有开始将工作安排转化为协作机制？有没有把自己的高执行力转化为团队系统效率的提高？

第 7 周精选对话

☆ 转变主题

从“独立作战”到“团队协作”。

☆ 关键词

团队机制、协作文化、任务配合、信息透明。

☆ 情景设定

第7周，管理者王辰正负责推进一个跨部门项目。尽管他自己完成部分任务效率极高，但项目整体推进却总是卡壳。团队成员各自忙碌，信息不流通、协同不紧密，导致进度缓慢。

他开始意识到，单兵作战无法推动复杂项目，于是找AI导师展开一次深度对话。

☆ 对话实录：AI导师 vs 管理者王辰

王辰：导师，这个跨部门项目让我头大，明明大家都很忙，可就是进展缓慢，无法配合。

AI 导师： 你有没有注意到，这正是“独立作战”思维的局限。每个人都埋头苦干，但缺少协同机制，导致项目整体推进不了。

王辰： 确实，我们每个人都有自己要负责的模块，但我总觉得我们像是在“并行单打”，不是在“并肩作战”。

管理金句

“协作不是多个优秀个体简单拼接，而是构建起系统性流动的机制。”

——《哈佛商业评论》

AI 导师： 真正的“团队协作”，是指任务、信息、责任在团队中流动，是让团队作为一个系统运转。它涉及三个关键转变。

1. 从个人推动到团队联动。

2. 从信息保留到信息共享。

3. 从职责模糊到职责清晰，协作配合。

我们可以使用GRPI模型建立协作（见表4）。

表4　GRPI模型应用示例

元素	说明	提问自查
G（Goal，目标）	团队是否有统一明确的目标？	我们的目标一致吗？
R（Role，角色）	各成员角色是否清晰？	谁该做什么，是否明确？
P（Process，流程）	有没有清晰的协作流程？	我们如何对接、沟通、反馈？
I（Interaction，互动）	团队内部互动是否顺畅？	出现问题时，是否能及时沟通？

如果这四项中任意一项不清晰，都会导致协作低效。

你们团队的问题，可能是卡在“流程”与“互动”两个维度上。

王辰：我意识到过去我习惯“用人”，现在我要“用机制”。

朋茨伯格说，没有机制的协作只是期望，真正的管理者要设定协作节奏、设计协作系统。

AI导师：协作不是靠“喊口号”，而是靠你设定一个清晰、稳定、可复用的“协同系统”。

王辰：我终于懂了，协作不是去“配合别人”，而是让每个人都知道如何互相配合。

☆ 陪练任务布置

1. 用GRPI模型评估你的团队现状，找出卡点在哪个维度。

2. 制定一张“任务配合清单”，明确本周有哪些任务需要协同完成，谁是主责方，谁是配合方。

3. 召开一次协作节奏会议，让团队开始“同步思维”而非“各自推进”。

☆ 反思卡片

你打造的，是一个可以“自己转”的团队，还是一个需要你“推着走”的团队？

本周，请开始尝试不做所有事情的“总协调者”，而是做团队协作的“节奏引导者”。

第8周精选对话

☆ 转变主题

从“技术沟通”到“管理沟通”。

☆ 关键词

意图表达、上下对齐、利益整合、跨部门沟通。

☆ 情景设定

进入第8周，作为新任管理者的李源逐渐熟悉了带团队的节奏，但在与上级沟通和跨部门协作中，开始遇到“沟而不通”的困扰：技术细节讲得头头是道，但别人总是“听不明白”或“不太买账”。

在一次推动产品优化的提案汇报失败后，李源带着满腹委屈找到了AI导师，希望解锁“更高维度”的沟通能力。

☆ 对话实录：AI导师 vs 管理者李源

李源：我真的很努力地准备了材料，数据、逻辑、原理都讲清楚了，结果领导却说我“没讲到点子上”。到底哪里出问题了？

AI导师：你讲的是“事情的逻辑”，但管理者更关注“决策的依据”和“组织的价值”。这正是技术沟通与管理沟通的分水岭。

> “管理沟通，是在复杂组织中创造共识和推动行动的艺术。”
>
> ——金·斯科特（谷歌前高管）

技术沟通强调准确、清晰、细节，管理沟通则关注目的清晰、策略表达与利益整合。

让我们来从以下维度区分两种风格（见表5）。

表5　技术沟通与管理沟通的区别

对比维度	技术沟通	管理沟通
核心关注	原理、数据、方法	意图、影响、共识
沟通对象	同行、专业人员	上下级、跨部门

续表

对比维度	技术沟通	管理沟通
表达方式	技术细节为主	整体结构清晰、有结论导向
成功标志	信息传达正确	对方愿意采纳并行动

管理沟通既要讲逻辑，也要讲结构与场景。我推荐你使用SCQA模型（见表6）组织沟通内容。

表6　SCQA模型应用示例

模块	说明	示例（优化产品体验沟通）
S（Situation）	当前情境	近期我们App的用户增长较快，日活稳定提升
C（Complication）	面临挑战	但客户投诉率上升，产品评分持续低于4.0
Q（Question）	关键问题	我们是否需要优化当前的用户体验流程？
A（Answer）	解决建议	建议从登录流畅性与客服响应速度两个维度优先优化

你不需要放弃专业性，而是要升级表达方式——从“说出细节”到“讲出价值”。

李源：我明白了，从今天开始，每一次沟通我都带着结构和目的去说，而不是丢一堆技术术语给对方消化。

☆ 案例剖析

李源在推动产品优化项目时，去找市场部对接，结果被泼冷水：“我们不是不支持你，但你得先说清楚这样做能提高多少转化率。”

他意识到，原来对方根本不关注他讲的算法逻辑，而在意“能不能带来业务价值”。

调整后，他更换了表达方式：“目前功能烦琐导致新用户流失率升高，若简化步骤，我们预计能提升15%的转化率。希望市场部协助做用户调研验证假设。”

如此表达后，效果立竿见影，李源得到了配合、支持。

沟通不只是讲“你想讲的”，而是讲对方“愿意听、听得懂、能行动”的。

沟通进阶三步法：

1.先讲“为什么”，引出意图和动机。

2.再讲“是什么”，提炼逻辑与核心。

3.最后讲“要什么”，明确期待与动作。

示例：

“由于最近客服响应延迟，我们收到多起用户投诉（为什么），原因在于系统提醒机制缺失（是什么），我建议本周内开发自动提醒功能并上线（要什么）。”

☆ 陪练任务布置

选一份你近期的项目汇报，用SCQA模型从管理者视角重新调整。下次与上级沟通前，先在心中回答这三个问题：

1.我的目标是什么？

2.对方关心什么？

3.我希望对方采取什么行动？

在AI导师陪练中模拟一次“跨部门汇报场景”，练习精练表达。

☆ 反思卡片

沟通不是证明你多懂，而是让对方愿意共创。

本周，请训练“讲别人听得懂的话”的能力，而非“讲你自己懂”的技术语言。你不再是工程师，而是协作者、桥梁和推动者。

第 9 周精选对话

☆ 转变主题

从“发现问题”到“解决冲突”。

☆ 关键词

冲突应对、利益协调、情绪管理、正面反馈、团队修复。

☆ 情景设定

来到第9周，李源在带团队的过程中首次真正面临“团队冲突”：两位核心成员在一次项目推进会议中出现意见分歧、公开争执，导致项目停摆、团队氛围紧张。他焦虑、困惑、不知如何应对，于是向AI导师发起了一次深度对话。

☆ 对话实录：AI导师 vs 管理者李源

李源：团队第一次“起火”就把我“烧”到了前线。两位骨干员工在会上吵了起来，谁也不服谁。我试图打圆场，结果谁都不买账……是不是我不够有权威？

AI导师：权威不是靠压制冲突建立的，而是靠引导解决冲突体现的。你现在面对的是管理者的升级考试——如何在冲突中守住目标、修复关系、推动前进。

李源：我觉得冲突很难搞定，总想绕过去。

AI导师：你能绕过问题，但绕不过人的心。解决冲突，就是在“带人”。

李源：可我担心处理不好反而伤了人。

AI导师：你性格温和，这是好事。但带团队不能只靠和气，要靠让人有“被理解”的感觉。温和与坚定，可以并存。

管理金句

“没有冲突的团队，不是真正工作的团队。”

——帕特里克·兰西奥尼，《五大障碍》

☆ 案例剖析

冲突不可怕，可怕的是回避冲突。高效的管理者，不应是回避问题的人，而是激发共识与重建信任的人。

场景拆解：三类冲突、三种错误反应、三步引导。

三类冲突：

1. 任务冲突，对项目路径、方法、资源存在分歧。

2. 关系冲突，个性冲突、沟通方式差异。

3. 价值冲突，原则、角色定位不同。

三种错误反应：

1. 冷处理。“你们私下解决吧”，会使冲突升级、情绪积压。

2. 偏袒一方。“听我的”，会打击信任、失去中立。

3. 当众责备。“你们怎么能吵架？”这会增加羞辱感，破坏心理安全。

正确的三步引导方式见表7。

表7　三步引导方式

步骤	行动	说明
冷静收集观点	暂停现场冲突，分别了解各方真实立场与情绪	防止冲突升级，给予空间降温
澄清问题	回到问题本质，区分“观点”与“价值”	帮助双方从对人转为对事
共创方案	促成共同目标下的双赢路径	引导达成一致或折中，并留下复盘时间

推荐工具：“SBI反馈模型+双方协调卡（见表8）”。

SBI（Situation-Behavior-Impact）反馈模型用于冲突后沟通，避免人身攻击。

“在昨天的项目会上（S），你在讨论中提高了音量并中断了对方发言（B），这让团队成员感到紧张，影响了讨论氛围（I）。”

进行基于事实的表达，不评判人格。

表8 双方协调卡（Conflict Canvas）

项目	A方观点	B方观点
分歧点		
背后诉求		
可接受结果		
共同利益点		
下一步承诺		

这个表可以由管理者主持填写，化抽象冲突为具象对话。

☆ 陪练任务布置

1. 选一次你曾经处理过或目睹过的团队冲突，回顾当时的处理方式，复盘利弊。

2. 尝试用SBI模型重构一段你将要做的反馈话术。

3. 在AI导师陪练中模拟“冲突协调会”场景，练习中立引导与目标对齐。

☆ 本周成长小结

冲突不再是问题，而是机会。

从“怕冲突”转变为“理解冲突本质”。

从“回避现场”转变为“搭建沟通场”。

从“居中裁决”转变为“引导共创方案”。

第 10 周精选对话

☆ 转变主题

从“个人技术成长”到“管理能力提升”。

☆ 关键词

角色跃变、能力曲线、复合型成长、视角升级、从“做事”到“带人”。

☆ 情景设定

第10周，李源开始感觉到一种“成长瓶颈”：自己依然保持技术精进，能快速解决技术难题，但却在“团队带动”和“组织协同”上力不从心。他带的新人总跟不上节奏，跨部门协调推进缓慢，甚至被质疑“只会技术、不会管理”。

☆ 对话实录：AI 导师 vs 管理者李源

李源：我最近很迷茫。我的管理能力确实还需要提升，但为什么我感觉“越努力越挫败”？我自己能干，可是团队老是拖后腿。

AI 导师：这正是管理者成长的一道“临界墙”——当你继续沿用“个人技术深耕”模式，却发现影响力没有扩大、绩效没有突破时，就意味着你该升级角色坐标了。

管理金句

> “成为优秀管理者的最大挑战，是学会‘不再依赖你最擅长的东西’。”
>
> ——《从技术走向管理》

技术成长是线性曲线，而管理成长是复合曲线。从“我能做”到“我能带人做”，是每个管理者必须迈出的关键一步。

李源：我总觉得，只有我能搞定的事，才值得骄傲。

AI导师：你现在是队长了。你的骄傲，应该来自“团队能独立赢球”。

李源：所以不是我表现得越好越厉害？

AI导师：管理力提升的本质，是你“不出现时，团队依然强大”。

☆ 对话拆解

三种“成长惯性”，三类“破局路径”。

成长惯性1：技术延伸，不再有效。

表现：继续用“我写代码最快”证明价值。

误区：将“输出能力”错当“领导力”。

破局路径：价值转型，用“让团队做出成果”作为绩效衡量标准。制定团队成长指标（如新人独立交付周期、组内技能互补性）。

成长惯性2：经验复制，局限扩大。

表现：用自己的路径要求每个成员。

误区：以为“我当年这么做”就适用于所有人。

破局路径：视角升级，从“技术输出者”转向“认知架构师”。开始设计团队能力结构、人才梯队，而非只管任务。

成长惯性3：单点突破，组织失衡。

表现：只顾技术模块的成败，忽视团队协同和组织连接。

误区：将“模块成功”当作“全局胜利”。

破局路径：组织联动，学会与HR、产品、运营等跨部门协作。开始为组织贡献“稳定团队+高效机制”，而非“技术奇兵”。

☆ **案例故事：不再只是“代码大拿”，李源的转身时刻**

李源曾是团队公认的“技术王者”，任何复杂代码他都能搞定。但就在公司启动一项新产品时，他被任命为跨职能项目经理。

初期他依然以“写代码”立身，自己承担关键模块，却忽视了团队协作、资源调度。结果上线延期，团队抱怨他凡事亲力亲为，不给他人机会。

在一次与CEO的复盘中，有人提醒他：“你不是来证明你能做多少事的，而是要证明你能成就多少人。”

这一句话击中了他。他开始转变：不再做主力开发，而是安排梯队轮岗练兵；为新人设计“1对1教练计划”；每周主持一次“失败复盘会”，培养团队系统性成长思维。

三个月后，他的团队战斗力显著提升，被公司评为“季度最佳协作团队”。

AI导师点评：脱掉技术光环，走上团队舞台。真正的管理成长，始于你不再以“个人优越”来定义自己。

☆ **推荐工具**

工具1：T形能力图谱。

T形能力图谱包括横向管理力和纵向专业力（见表9）。

表9 T形能力图谱

能力维度	内容
横向管理力（T横）	目标设定、沟通协调、辅导激励、组织协同
纵向专业力（T竖）	专业技能深度、行业理解

技术管理者需要从“只长T竖”转为“补强T横”，才能完成角色跃变。

工具2：管理影响力自测（五维）。

1. 我是否能让团队成员有清晰的目标感？

2. 团队在我带领下，是否具备独立运作的能力？

3. 我是否投入时间培养下属？

4. 其他部门是否愿意与我跨部门合作？

5. 我的管理风格是否能帮助团队持续成长？

每项用0~5分打分，总分越高说明越具“组织贡献度”而非“个人贡献值”。

☆ 陪练任务布置

1. 画出自己的“T形能力图谱”，识别目前管理维度的短板。

2. 制定团队能力成长目标，如新人3个月能独立承担模块任务。

3. 与AI导师进行一次“管理影响力模拟面谈”，审视你当前的领导力盲区。

☆ 本周成长小结

你不再是个人主角，而是团队导演。

从“我会做”到“我会带人做”。

从“做事强”到“带人强”。

从“技术高手”到“组织推动者”。

第 11 周精选对话

☆ 转变主题

从“被动学习”到“自我驱动”。

☆ 关键词

成长内驱力、学习型管理者、习惯养成、自我迭代、反思力。

☆ 情景设定

第11周，作为新晋管理者的林茜在一次部门月会上，发现自己对公司的战略方向和外部行业趋势了解甚少。面对上级的提问，她答不上来，只能尴尬应付。她突然意识到，自己虽然每天都很忙，却几乎没时间学习，所有“成长”都是“被安排”和“被推着走”。这让她陷入深深的不安。

☆ 对话实录：AI 导师 vs 管理者林茜

林茜：我感觉自己像个被推着跑的机器。上面给什么任务，我就做什么，从来没有时间主动去学点东西。可是我知道自己要成长，就要懂的比现在更多。但我根本不知道从哪开始。

AI 导师：你的状态很典型，是“被动学习型管理者”——只在任务推动下才被迫学习。这种状态很容易让你陷入“执行陷阱”，看似努力，其实成长停滞。

学习是管理者的第二条生命线。从“他人布置”转向“自我规划”，才是真正的成长开始。

林茜：我总觉得，学习是HR的事，我忙都忙不过来。

AI 导师：如果你不为自己的成长负责，组织也不会为你投资更多。

林茜：那我现在学什么才算对呢?

AI 导师：别从“知识”开始，从“你想成为什么样的管理者”开始。目标清晰，学习才有价值。

☆ 对话拆解：三种“被动学习”陷阱与升级路径

陷阱 1：任务驱动式学习，学完即忘。

表现：临时看资料、做PPT，完成任务就抛到脑后。

后果：无知识沉淀、认知碎片化。

升级路径：搭建“个人知识地图”。把自己常遇到的问题、职场场景转化为知识领域板块。

陷阱2：依赖培训安排，成长节奏不能自己掌控。

表现：只有公司组织培训才学习。

后果：成长节奏被动、内容局限。

升级路径：打造“自主学习计划”。设定年度学习主题，例如“提升战略视野”“打造学习型团队”。每月聚焦一个技能维度，每周进行1~2小时深度学习。

工具推荐：自我规划卡＋行动追踪表＋每月1次复盘。

陷阱3：只学习不行动，学用脱节。

表现：读了很多书，方法都知道，却用不上。

后果：内耗上升、成就感下降。

升级路径：行动驱动学习循环（LAD模型）。

L（Learn），学习新理论。

A（Apply），应用于当前工作。

D（Debrief），复盘效果，优化方案。

每学习一项新方法（如目标设定技巧、反馈对话法），立即尝试应用，并记录实践心得。

☆ 陪练任务布置

1.用一句话写出你的“年度成长主题”，例如，“成为能带团队、有战略视野的管理者”。

2.制订一份“每周30分钟学习时间表”并坚持执行。

3.选定一本管理书籍，结合当前挑战进行“LAD模型”应用实验。

☆ 本周成长小结

从外部推进到内在驱动，才叫真正的成长。

从“等别人安排”到“我为自己负责”。

从“培训即学习”到“处处皆成长”。

从“知道很多”到“用得深入”。

第 12 周精选对话

☆ 转变主题

从“个人提升”到“团队成长”。

☆ 关键词

人才培养、团队赋能、传帮带、成长飞轮、管理杠杆。

☆ 情景设定

第12周，作为技术团队的主管，黄磊刚刚完成了一次高难度的系统升级项目。他在过程中全程主导，从设计到开发几乎都亲自把控，最终项目完美交付。但奇怪的是，团队成员既没有成就感，也没有明显的成长。他开始反思：我进步了，但团队好像没跟上。

☆ 对话实录：AI 导师 vs 管理者黄磊

黄磊：项目做完了，但我怎么感觉有点落寞？虽然交付效果不错，但团队好像没什么收获，还是一如既往地“我干他们看”。

AI 导师：这是“个人提升陷阱”——你在成长，但团队没同步进化。真正的管理者，是把“我成长”变成“团队一起成长”。

在领导岗位上，个人提升是基础，团队成长才是杠杆。你的管理水平，体现在你影响和培养了多少人。

黄磊：我总觉得，想让团队成长，还是得他们自己想成长才行。

AI导师：你是花园的园丁，不能等花自己长，你需要浇水、修枝。

黄磊：那我从哪开始带他们成长呢？

AI导师：从一次小项目开始，让他们当主角；从一次复盘会开始，让他们说出来。

☆ 对话拆解：从“个人成长路径”走向“团队成长飞轮”

陷阱1：技术突破不等于团队跃升。

表现：项目成功，但成功依赖于“自己扛”。

后果：团队依赖感强、抗风险能力弱。

升级路径：建立共享经验机制，每个关键项目完成后，组织经验复盘会，提炼流程、难点、方法论。鼓励团队成员轮流主讲，提升表达与总结能力。

工具：经验沉淀模板 + 项目反思白板。

陷阱2：只关注自己的成长，而忽略了人才梯队建设。

表现：只给自己设目标，不给团队定成长任务。

后果：团队没有明确的发展方向，成员成长没有规划。

升级路径：设立团队成长地图，为每位成员设定能力发展路径，如沟通表达、跨部门协作、专项技术等。每季度进行一次成长1对1谈话，关注进步与支持点。

工具：成长卡片 + 成员成长KPI表。

陷阱3：你是执行主角，他们是配角。

表现：大事小事都由“领导亲自来”。

后果：团队成长被“你的高效”压制。

升级路径：“传帮带机制”落地。布置任务时，明确设定“学习目标”而非只看结果。推行“项目小教练”制度，鼓励老员工带新人。

☆ 陪练任务布置

1. 选择一个正在进行中的项目，安排一位团队成员担任“项目主导”，你只做引导与反馈。

2. 与三位成员进行“成长对话”，记录他们本季度的成长目标。

3. 举办一次“团队成长午餐会”，每人分享一个“最近学到的知识或技能”。

☆ 本周成长小结

让你的成长成为团队成长的引擎。

从“我变强”到“大家一起变强”。

从“团队为我所用”到“我为团队赋能”。

从“技术高地”到“成长平台”。

新晋管理者 AI 带教官

智能体二维码

后记　献给正在转型路上的你

从“技术骨干”到“合格管理者”，从“独立作战”到“带队奔跑”，这是一场既孤独又伟大的跃变。我们写下这本书，不是为了告诉你“标准答案”，而是想陪你一起走过那些无人指导、充满困惑、最终自我蜕变的日子。

在写作过程中，我们不断问自己一个问题：“一本真正能帮到读者的管理书应该是什么样子？”

我们希望它不仅能提供理论支撑，也能带来情感的共鸣；不仅能给出方法工具，也能触发内心的勇气；不仅是一段文字，更是一次真实可用的成长陪伴。

所以，你会看到：

真实案例背后的血肉温度，而不是完美人设；

管理者常踩的“24个坑”，而不是光鲜的成功经验。

每一章的“AI导师陪练”模块，都是我们对未来学习方式的探索与实践。

我们深知，管理不是技巧的叠加，而是人格的发展；不是控制的艺术，而是赋能的力量。

感谢你读到这里，说明你对自己的成长有要求，对团队的发展有担当。希望这本书，成为你“管理人生”中一个值得回看的坐标，也欢迎你将它推荐给那些和你一样在路上的管理者同伴。

如果你累了，翻开这本书——我们在这里等你。

如果你想再进一程，记得回看本书的“成长飞轮”与“AI导师陪练”，继续前行。

成长，从来不是一条笔直的跑道，而是充满转折的蜿蜒之路。

而你，已经在这条路上，走得比你想象的更远了。

——能师高徒AI · 出品团队

韬钰咨询——跃变背后的陪伴者

成长不是一条直线，而是一个被引导、被激发、被点亮的过程。韬钰咨询正是这段旅程中值得信赖的陪伴者。

作为一家专注于人才发展与绩效支持的专业咨询机构，十多年以来，韬钰咨询始终着眼解决业务问题，助力企业绩效突破，有“技”可循。公司先后服务500+各行业头部企业，累计交付项目案例千余个，拥有20+版权课程、300+认证讲师、3项发明专利、20多项软著和9部专业著作，连续8年荣获中国学习与发展领域多项顶尖奖项。服务过的客户项目曾获得美国ATD卓越实践奖、企业学习设计大赛金奖、灯塔奖等行业标杆奖项。

韬钰咨询秉持专业、创新、利他的理念，长期聚焦企业专家经验的传承复制，从“ERMP®专家经验萃取”“能师高徒®导师制”项目，到“AI导师”“AI带教官”等解决方案，我们始终走在企业人才培养系统化、数字化、智能化转型的前沿，为客户持续创造着新价值。

AI时代，韬钰咨询正通过AI智能体技术，提供AI知识萃取、AI岗位智能体、AI数字员工开发等产品和服务，帮助企业人才成长少走70%的弯路，达到1人能干多人的活的目的。

无论是对这本书，还是对我们的产品服务和解决方案，我们都及时响应，因为我们有“AI专属顾问小韬”。

AI专属顾问小韬

读完《跃变者手册》，或许你已经被书中的理念所启发，抑或熟练运用了里面的管理工具，此时，可能冒出了更多现实的问题：

我们企业能用这套AI导师系统吗？

“AI带教官”具体怎么部署？需要准备什么？

管培生、主管、高潜……都能用这套系统吗？

落地过程复杂吗？有没有顾问陪跑？

韬钰咨询还提供哪些产品和服务？

别急，这些你想知道的问题，无论是解决方案、规划落地路径，还是预约顾问对接、申请试用、获取案例与报价，我们都交给“TA”来回答。

AI专属顾问小韬